IRENE BRUNNER

AUFKLÄRUNG FÜR ELTERN

So meistern Sie gelassen die Pubertät und beantworten wichtige Fragen souverän

Wie Sie Ihr Kind altersgerecht informieren und begleiten – ohne peinliche Situationen

Inhalt

Einleitung

Eltern zu sein, ist nicht immer leicht. Wenn die Kinder in die Pubertät kommen, wird die Erziehung an manchen Tagen zu einer richtigen Herausforderung. Eltern fühlen sich dann oft überfordert. Sie wissen nicht, wie sie richtig mit ihren Kindern umgehen und ihren Nachwuchs am besten durch die Pubertät begleiten sollen. Sich frühzeitig mit diesem Thema auseinanderzusetzen, ist für Kinder und Eltern gleichermaßen wichtig. Dies sollte am besten geschehen, bevor die Kinder in die Pubertät kommen. Zumal Eltern in der Verantwortung stehen, ihren Nachwuchs richtig aufzuklären. Doch wie lässt sich das richtig angehen? Selbst heute kommt es noch vor, dass Eltern Scheu haben, die Dinge beim Namen zu nennen. Sei es aus Angst, die Kinder zu überfordern, oder aus Scham – Sexualerziehung wird plötzlich zu einem großen Wort.

In diesem Buch lernen Sie als Mutter oder Vater, dass Bedenken, die Sie bezüglich der Aufklärung haben, völlig unbegründet sind. Denn Ihre Kinder verbinden mit Worten einfach nur das, was sie bezeichnen. Nichts anderes. Psychologen raten, sich bei der Aufklärung an dem Entwicklungsstand des Kindes zu orientieren und Fragen, die gestellt werden, direkt zu beantworten. Mit zunehmendem Alter, also wenn Ihre Kinder kurz vor der Pubertät stehen oder diese sogar schon durchlaufen, brauchen sie aber Details. Hier reicht eine einfache Antwort wie „Das Baby entsteht im Bauch, weil deine Mami und dein Papi sich gern haben" nicht mehr aus. Viele kleine Kinder kennen zudem schon die körperlichen Unterschiede von Mann und Frau. Sie haben auch bereits etwas über Sex aufgeschnappt. Und ihre mutigen Fragen brauchen mutige Antworten. Aber selbst, wenn die Aufklärung Teil der elterlichen Erziehung ist, sind Sex und Kinderkriegen in der Familie oft noch Tabuthemen.

Betrachten Sie es so: Mit der Sexualerziehung begleiten Sie Ihr Kind in seiner geschlechtlichen Entwicklung. Sehen Sie diese Aufgabe als etwas Schönes und Lohnenswertes an. Denn mit Ihrer Unterstützung und Aufklärung entwickeln Ihre Kinder einen positiven und respektvollen Bezug zum Thema Körperlichkeit und Sexualität. Ein positives Körpergefühl und ein richtiger Bezug zu Sex werden später einen wichtigen Teil der Persönlichkeit Ihres Kindes ausmachen.

Sich als Eltern mit dem Thema auseinandersetzen

Als Eltern sollten Sie Ihre Kinder führen. Damit ist gemeint, sich auf Ihre Kinder einzulassen und Ihre Sicht zu verstehen, statt nur mit Befehl, Kontrolle und Gehorsam zu agieren. Kinder in der Pubertät zu erziehen und aufzuklären, bedeutet, sie zu begleiten, ihnen zur Verfügung zu stehen. Das ist aber nicht einfach und für viele Eltern neu, wenn sie erstmals die Pubertät Ihres Kindes miterleben. Unsicherheiten, die Sie vielleicht verspüren, sind in diesem Zusammenhang normal.

Denn als Eltern müssen Sie während der Pubertät Ihrer Kinder das Elternsein neu erfinden. Hinzu kommt, dass die Anforderungen an Eltern heute viel höher sind als ein paar Generationen zuvor. Beziehungsmodelle Ihrer Eltern lassen sich nicht einfach so übernehmen. Abgesehen davon, dass Sie womöglich gerade das nicht wollen.

Wie Sie mit all diesen Verunsicherungen konstruktiv umgehen, das erfahren Sie in diesem Buch. Die unerwarteten Reaktionen Ihres Nachwuchses und die beginnende Abnabelung führen dazu, dass Sie als Mutter oder Vater ungewollt versuchen, der Situation Herr zu werden. Allerdings geschieht das nicht immer mit den geeigneten Mitteln und Maßnahmen. Bedenken Sie:

Als Eltern müssen Sie nicht perfekt sein. Bei der Aufklärung und Erziehung Ihrer Kinder geht es vielmehr darum, zu akzeptieren, dass Sie nicht immer wissen, was richtig und falsch ist. Denn es gibt nicht den einen Weg. Auch sollten die Kinder eigene Erfahrungen machen können. Das dürfte Ihnen den Druck nehmen, immer alles richtig machen zu müssen.

Machen Sie sich bewusst, dass Ihre Kinder, die bisher mit Ihnen kooperierten, dies mit dem Einsetzen der Pubertät weniger tun. Sehen Sie die Pubertät auch weniger als Problem als eine Tatsache an. Auf diese Weise können Sie den Prozess, den Ihre Tochter oder Ihr Sohn durchmacht, besser nachvollziehen. Es spielt dabei keine Rolle, ob Sie eine alleinerziehende Mutter oder ein Single-Vater sind, ob Sie in einer Großfamilie zusammenleben, verheiratet sind oder in einer Patchwork-Familie leben – hier geht es um die Beziehung zwischen Ihnen und Ihren Kindern. Und in diesem Zusammenhang sollten Sie sich selbst Fragen nach dem Warum und Wie stellen. Wie kommuniziere ich? Wie ist die Beziehung zu meinem Sohn oder meiner Tochter? Warum handle ich so? Diese Fragen stellen ein gutes Fundament für das gemeinsame Durchleben in der Pubertät dar. Sie helfen Ihnen bei der Aufklärung.

Ist Ihnen das Thema Sex vor den Kindern peinlich?

Eltern haben viele Aufgaben. Und dazu gehört auch die Aufklärung. Es ist wichtig, dass Sie Ansprechpartner sind, wenn es um das Thema Sex geht. Oft ist das gar nicht so leicht. Manchen ist es unangenehm oder peinlich, wenn sich die Kinder mit Fragen rund um Sex, Geschlechtsteile, Körperlichkeiten und Empfindungen an sie wenden. Selbst, wenn Sie sich als offen und tolerant bezeichnen, kann es sein, dass Sie plötzlich Hemmungen haben, wenn Sie mit Ihrem Kind über Sex & Co. sprechen müssen. Wie gehen Sie damit um? Müssen Sie über Ihre eigene Sexualität sprechen? Nein. Den meisten Kindern in der Vorpubertät und im Teenageralter ist es unangenehm, über das Sexualleben der Eltern nachzudenken. Sie wollen allgemeine und sachliche Informationen zu intimen Themen einholen, aber nicht wissen, was Mama und Papa im Schlafzimmer treiben. Sie können Ihre Kinder also ausreichend aufklären, ohne über die eigene Sexualität sprechen zu müssen.

Wichtig ist, dass Sie Ihre Hemmungen überwinden und authentisch bleiben. Dann wird es auch nicht peinlich. Nutzen Sie sachliche Wörter, benennen Sie die Dinge, wie sie sind. Vermeiden Sie eine vulgäre Sprache und Verniedlichungen. Ihre Kinder sollten über die Sexualität nicht lachen, sondern verantwortungsvoll mit diesem Thema umgehen. Wenn Sie die Vulva als Mumu bezeichnen und den Penis als Pimmel, dann interpretieren Kinder Geschlechtsteile als etwas Lächerliches und Peinliches.

Machen Sie sich bewusst, was Sie bei der Aufklärung für Ziele erreichen wollen. Möchten Sie Ihre Tochter und Ihren Sohn über Verhütung aufklären? Wollen Sie sie schützen, indem Sie über Missbrauch sprechen? Geht es Ihnen darum, dass Ihre Kinder lernen, behutsam und respektvoll mit dem Thema umzugehen? Was sollte Ihr Nachwuchs noch wissen? Körperveränderungen und die Sexualreife gehören ebenfalls zur Aufklärung. Wie bringen Sie Ihrer Tochter das Thema Menstruation und Schwangerschaft näher? Und wie erklären Sie Ihrem Sohn, was ein Samenerguss und ein feuchter Traum sind?

Denken Sie am besten an Ihre eigene Pubertät zurück. Wie fühlten Sie sich? Welche Fragen geisterten Ihnen im Kopf herum? Wo haben Ihre Eltern zu wenig Aufklärung betrieben? Welche körperlichen und hormonellen Veränderung machten Ihnen am meisten zu schaffen und wo und in welchen Bereichen hätten Sie sich in der Pubertät mehr Unterstützung von Ihren eigenen Eltern gewünscht?

→ Viele Dinge sollten Sie bereits mit Ihren Kindern besprechen, bevor diese in die Pubertät kommen. So weiß Ihr Nachwuchs, dass Sie in dieser wichtigen Lebensphase für ihn da sind. Und Sie zeigen Ihrem Nachwuchs damit auch, dass alles okay ist.

Manche Fragen überfordern Sie?

Es kann immer passieren, dass eines Ihrer Kinder eine Frage stellt, die Sie im ersten Moment überfordert. Oder das Kind fragt etwas zu einem viel zu frühen Zeitpunkt. Vielleicht wollen Ihre Kinder wissen, wieso sie keinen Sex haben dürfen, wenn die Erwachsenen das so toll finden. Und auch andere Bemerkungen oder Fragen können Sie eiskalt erwischen. Da kann es selbst den offensten Eltern passieren, dass sie um die richtigen Worte ringen müssen. Denn die Fragen des Nachwuchses sind nicht mehr die gleichen wie noch vor zehn oder 20 Jahren. Sicher, Ihre Kinder fragen sich, warum sie Pickel kriegen oder ihnen Achselhaare wachsen. Doch viele Fragen drehen sich um Oralverkehr und andere explizite sexuelle Aktionen. Der Grund: Die meisten Kinder sind heute im Internet unterwegs und sehen Dinge, die sie nicht unbedingt mit zwölf oder 13 Jahren sehen sollten. Sie folgen YouTubern und anderen jungen Vorbildern, die ein paar Jahre älter sind als sie selbst. Sprich, sie erfahren durch das Internet von Themen, die junge Erwachsene beschäftigen, mit denen sie selbst aber überhaupt noch nicht in Kontakt gekommen sind. Und das können Fragen über Sexualpraktiken sein. Weisen Sie Ihre Kinder nicht ab, und machen Sie sich nicht lustig über deren Fragen.

Das Bedürfnis der Kinder, diese Fragen erklärt zu bekommen, ist groß. Wenn Sie ihnen sagen: „Dafür bist du aber noch viel zu klein", fühlen sie sich abgewiesen. Und ein weiterer wichtiger Punkt: Kinder, die in ihrer sexuellen Entwicklung begleitet werden, entwickeln ein positives Körpergefühl. Zudem können Sie sie dadurch besser schützen, da diese dann sexuelle Übergriffe leichter erkennen und benennen können. Wenn Sie also einige der Fragen überfordern, sollten Sie daran denken, dass Ihre Aufklärung dem Kind dabei hilft, sich in seiner Wahrnehmung bestärkt und ernst genommen zu fühlen. Mit Ihren Antworten und Erklärungen können sich Ihre Kinder auf vielfältige Weise spüren und zudem sagen, was sie mögen und was nicht. Für die Prävention von Missbrauch und sexueller Gewalt ist dies sehr wichtig.

Ab wann Kinder aufklären?

Bei Kindern findet sexuelle Entwicklung von Beginn an statt. Das bedeutet, sie erleben bereits in frühen Jahren sinnliche Körpererfahrungen und führen auch sinnliche Handlungen wie das Berühren des eigenen Körpers aus. So um das zweite bis dritte Lebensjahr stellen Kinder eindeutig die Unterschiede zwischen den Geschlechtern fest. Sie bemerken Dinge, die Fragen aufwerfen. Deshalb plädieren viele Psychologen, so früh wie möglich mit der Aufklärung zu starten. Als Faustregel gilt: Wenn Ihre Kinder eine Frage klar formulieren, bedarf es von Ihnen darauf eine klare Antwort. Wie weit Sie mit Ihren Erklärungen gehen, hängt vom Alter ab. Aber in der Regel fragen Ihre Kinder nur das, was sie wissen wollen. Sie müssen dann keinen ganzen Sermon dazu abgeben. Ihre Kinder nehmen nur das auf, was sie im Moment für ihre Informationen brauchen können. Danach drehen sie sich wieder weg und spielen weiter. Sie werden das – je nach Alter – schnell bemerken. Grundsätzlich sollten Ihre Kinder bis zum neunten Lebensjahr soweit aufgeklärt sein, dass sie über die Geschlechtsorgane Bescheid wissen. Falls Sie jetzt die Hände über dem Kopf zusammenschlagen und denken, dass dies noch zu früh ist, dann denken Sie wieder an das Ziel. Und wie gesagt, Kinder fragen immer gerade so viel, wie sie wissen wollen.

Nochmals: Die Aufklärung und Sexualerziehung sollte beginnen, bevor Ihre Kinder sich im Detail für die Unterschiede zwischen Jungen und Mädchen interessieren. Das bedeutet, dass die Aufklärung über einen langen Zeitraum stattfindet. Immer wieder zwischendurch und natürlich immer zu unterschiedlichen Themen.

Das Kind dem Alter entsprechend sexuell aufklären

An dieser Stelle wird kurz konkret auf altersgerechte Aufklärung eingegangen. Dies kann Ihnen als Leitfaden dienen, wenn Sie Ihre Kinder Schritt für Schritt aufklären.

- **Aufklärung bei Kindern bis 3 Jahren:** Bereits Babys sollten bei der Körperpflege und beim Schmusen mit dem eigenen Körper vertraut gemacht werden. Als Eltern können Sie ab Tag eins nach der Geburt die sexuelle Entwicklung positiv prägen. Wenn Sie Ihr Kleinkind liebevoll und achtsam in seiner Körperwahrnehmung begleiten, ist der Grundstein für eine spätere Beziehungsfähigkeit und auch Liebesfähigkeit gelegt. Das beinhaltet beim Wickeln und Baden, wiederholt alle Körperteile und Geschlechtsteile zu benennen. Diese gehören ja nun mal zum Körper. So lernt das Kleinkind, dass Geschlechtsteile kein Tabuthema sind. Reden Sie mit Ihren Kleinkindern so, wie es für Sie am einfachsten ist. Ihr Kind sollte zwar schon die richtigen Bezeichnungen kennen, aber Sie können in der Kleinkindphase durchaus auch andere Bezeichnungen verwenden. Wichtig ist, dass diese nicht abwertend sind.

- **Aufklärung bei Kindern von 3 bis 6 Jahren:** Im Kindergarten fangen Kinder an, zu fragen, was OBs sind und warum die „Mama sie braucht". Sie wollen wissen, wieso die Eltern zusammen im Bett schlafen oder warum sie so seltsame Geräusche im Schlafzimmer machen. Nutzen Sie die Neugier Ihres Kindes und antworten Sie ernst, sachlich und altersgerecht. Geben Sie Ihrem Kind das Gefühl, dass es alles fragen darf. Und zwar ohne, dass es ausgelacht wird. Im Kindergartenalter fangen die Kleinen auch mit Doktorspielen an. Sie entdecken und stellen ihre Genitalien zur Schau. In dieser Zeit ist es enorm wichtig, die korrekten Namen von Penis und Vulva zu verwenden. Alles, was einen Namen hat, ist so nicht fremd. Es hilft Ihrem Kind, ein Bewusstsein dafür zu bekommen und zu lernen, wie wertvoll der Körper ist. Das heißt, sie können auch schon klarmachen, dass der Körper einem ganz allein gehört und man selbst über ihn bestimmen darf. Das ist ein wichtiger Aspekt, um mögliche sexuelle Übergriffe im Kindesalter zu prävenieren. Wenn sich das Kind kennt und lernt, Nein zu sagen, kann es sich in einigen Fällen selbst vor sexuellem Missbrauch schützen. Wichtig ist, dass Ihr Kind in dieser Altersspanne erfährt, wie ein Baby entsteht. Das können Sie mit altersspezifischen Bilderbüchern erklären. Vermeiden Sie aber zu wissenschaftliche Darstellungen von Eileitern, Aufbau der Geschlechtsteile und Samenzellen. Diese sind noch zu abstrakt.

- **Aufklärung bei Kindern von 6 bis 9 Jahren:** Jetzt sollten Sie Ihre Kinder so weit aufklären, dass diese über die Funktion der äußeren und inneren Geschlechtsorgane Bescheid wissen. In der Schule werden diese schon häufig Gesprächsstoff sein. Viele Kinder entwickeln in dieser Zeit, wenn sie nicht aufgeklärt sind, die wildesten Theorien, wie Kinder gezeugt werden. Auch schnappen viele aus Fernsehen, Internet oder durch ältere Geschwister sexuelle Inhalte auf. Stellen Ihre Kinder, wenn sie in der Grundschule sind, eigenständig keine Fragen zur Sexualität, können und sollten Sie selbst aktiv werden und hier nachhaken. Hilfreich sind in dieser Zeit Bücher, die bei der Aufklärung helfen und in denen Ihre Kinder etwas nachlesen wollen, wenn sie das möchten. Sie dürfen Ihren Nachwuchs danach fragen, was sie denn schon wissen. Im Anschluss können Sie das Wissen ergänzen und Sachverhalte geraderücken.

- **Aufklärung bei Kindern von 9 bis 12 Jahren**: Ihr Kind entwickelt sich jetzt langsam zum Erwachsenen und kommt in die Pubertät. Das bedeutet, früher oder später kommt es zu körperlichen Veränderungen wie Brustwachstum, Schwitzen, Körpergeruch, Pickel, Schambehaarung, Hautveränderungen und Vergrößerung der Geschlechtsorgane. Sie können diese Dinge, sobald Sie das bemerken, behutsam ansprechen. Wenn Ihre Tochter weißen Ausfluss in der Unterhose hat, dauert es nicht mehr lange bis zur ersten Regelblutung. Bereiten Sie Ihre Tochter auf diesen Moment vor. Auch beginnen sich Kinder in diesem Alter verstärkt für das andere oder gleiche Geschlecht zu interessieren. Sie fangen an, sexuelle Fantasien zu entwickeln und Informationen zum Thema Sex und Liebe einzusaugen. In dieser vorpubertären Phase werden einige Mädchen und Jungs schon geschlechtsreif. Dennoch werden Ihre Kinder zu diesem Zeitpunkt nicht genug über Verhütung und Schwangerschaft wissen. Sie sollten diese Themen unbedingt ansprechen und rechtzeitig darüber aufklären. Hier können Sie Ihren Kindern Hilfsmittel wie Aufklärungsbücher zur Verfügung stellen. Oft öffnen sich Jungs in dieser Zeit eher ihrem Vater als der Mutter und Mädchen eher der Mutter als dem Vater.

- **Aufklärung bei Kindern von 12 bis 17 Jahren**: In der Pubertät wird das sexuelle Interesse der Kinder groß sein. Jetzt ist spätestens der Zeitpunkt gekommen, bei dem Sie als Eltern die Verantwortung haben, ein intensives Aufklärungsgespräch zu führen. Jugendzeitschriften wie Mädchen und Bravo reichen als heimliche Aufklärer nicht aus. Hören Sie Ihren Kindern in dieser Phase gut zu. Oft geben diese Hinweise zu Themen, die sie interessieren. Zum Beispiel, wenn Ihre Tochter über die Liebesbeziehung ihrer besten Freundin spricht, können Sie interessierter nachfragen und das Gespräch möglicherweise auf das erste Mal lenken. Die wichtigsten Themen sind in diesem Zusammenhang sexuell übertragbare Krankheiten und Verhütungsmethoden sowie die Verantwortung dem Sexualpartner gegenüber. Ihre Kinder sind jetzt kurz davor, erwachsen zu werden. Sie sollten ihnen unbedingt für alle Fragen zur Verfügung stehen. Je nach sexuellem Interesse (Ihr Kind kann homosexuell, bisexuell oder trans* sein) sollten Sie Ihren Kindern helfen, ausreichend Informationsmaterial zu bekommen. Aufklärung lässt sich durch Broschüren, Materialien, Videos, Bücher, Vereine und Organisationen vertiefen. In diesem Alter ist es zudem an der Zeit, dass Ihre Kinder einen Frauenarzt/Männerarzt besuchen und Sicherheiten über die Körperentwicklung erhalten. Zudem können die Ärzte gute Ansprechpartner sein, wenn es um die Themen Sexualität, Verhütung und Schwangerschaft geht.

Fragen, die Sie sich als Eltern stellen sollten

Kennen Sie das? Sie unterhalten sich mit anderen Eltern. Diese fragen nach dem Alter Ihres Kindes. Sie antworten, dass er/sie bald zwölf Jahre alt wird. Die häufige Reaktion darauf ist: „Oh nein, dann geht es bald los, das wird schwer werden." Viele Eltern sehen pubertierende Kinder nämlich als ein Problem an. Dabei können die Jugendlichen nichts für ihre Pubertät. Sie müssen schließlich reifen und wachsen. Und sie müssen lernen, Verantwortung für sich selbst zu übernehmen.

Das ist ein Prozess, der Eltern in eine schwierige Lage bringt. Denn jetzt müssen Sie sich als Elternteil plötzlich selbst Fragen beantworten wie: Wofür kann meine Tochter schon selbst verantwortlich sein? Und warum glaube ich, dass sie es noch nicht kann? Hat das mit mir und meinem Selbstbild zu tun oder geht es mir wirklich um das Wohl meines heranwachsenden Kindes? Welche Konsequenzen kann mein Kind eigenverantwortlich tragen? Welche nicht? Übernehme ich unwissentlich die Verantwortung für mein/e Kind/er? Die Worte, die Sie an Ihre Kinder richten, werden in der Pubertät weiterhin großen Einfluss haben. Selbst, wenn diese ihr Gesicht wahren und das niemals offen zugeben würden. Sehen Sie Ihre Kinder und die Aufklärung in der Pubertät nicht als Problem an!

Wichtig ist, dass Sie bei der Aufklärung und Begleitung durch die Pubertät eine Herangehensweise finden, die mit Ihrer Persönlichkeit übereinstimmt. In diesem Buch geht es darum, wie Sie sich als Eltern vorbereiten und mit Ihren Kindern gemeinsam gut durch diese Zeit kommen können. Es soll Sie als Eltern aufklären und Ihnen ein guter Ratgeber sein. Auch werden häufige Probleme und Sorgen in diesem Buch besprochen, die in der Pubertät und bei der Aufklärung in allen Familien auftauchen. Sie finden mögliche Lösungen und Tipps, wie Sie mit diesen Problemen umgehen können. Sie wollen in dieser stürmischen Zeit schließlich ein möglichst gutes Zusammenleben erfahren und die Beziehung zu Ihren Kindern vertiefen. Wenn Sie wissen, wie Sie Ihre Kinder gut aufklären, werden Sie dadurch beruhigter sein können. Mit Ihrer Unterstützung werden Ihre Kinder die Herausforderungen, die ihnen als Pubertierende bevorstehen, gut meistern können.

Wie wird sich mein Kind verändern? Was passiert im Körper meines Kindes? Wann passiert was? Worauf kann ich mich vorbereiten? Wie kann ich mein Kind am besten unterstützen? Wie gehe ich mit bestimmten Aufklärungsthemen um? Das alles erfahren Sie in diesem Ratgeber. Mit ihm können Sie Ihren Kindern fundiertes Wissen vermitteln.

Herangehensweise wählen: So gehen Sie als Eltern richtig vor!

Die Pubertät, und auch schon die Vorpubertät stellen eine Familie vor neue Herausforderungen. Als Eltern müssen Sie, wenn Sie die Liebe und Gemeinschaft zu Ihren Kindern erhalten wollen, lernen, die Kontrolle aufzugeben. Dies lässt sich nicht von heute auf morgen bewerkstelligen. Es ist ein Prozess von mehreren Jahren. Und er kann ohne die Mithilfe Ihrer Kinder nicht gelingen. Auch schmerzliche Konflikte werden Teil dieses Prozesses sein. Und dann ist es an der Zeit, sich selbst als Eltern zu hinterfragen. Warum reagiere ich so, wenn mein Kind sich in bestimmter Weise verhält? Zu welchen Menschen sollen sich meine Kinder entwickeln? In welchen Punkten bin ich anderer Meinung als mein Partner? Bin ich zu streng? Halte ich das Strengsein für nötig? Versuche ich wirklich, das Leben meiner pubertierenden Kinder zu verbessern? Bin ich für sie ein Ratgeber? Oder wirke ich eher wie die Familienpolizei?

Diese Fragen sollten Sie sich zuerst im Stillen und alleine stellen. Im Anschluss ist es in Ordnung, wenn Sie mit Ihrem/r Partner/in darüber reden. Wenn Sie in einer Situation mal nicht wissen, was Sie tun sollen, dann setzen Sie sich mit Ihren Kindern hin und lassen Sie diese an Ihrer Hilflosigkeit und Besorgnis Anteil haben. Seien Sie dabei offen und ehrlich. Bitten Sie Ihre Kinder um Hilfe, sie werden dies nicht als Schwäche betrachten, sondern dankbar und froh sein, dass sie etwas dazu beitragen dürfen. Denn die klassischen Mutter-Kind-Rollen sind in der Pubertät nicht mehr haltbar. Sie müssen sich als Eltern davon verabschieden und eine neue Art der Beziehung beginnen. Das mag bei manchen Melancholie und Trauer auslösen. Doch wenn Sie willens sind, den Prozess zuzulassen, und bereit sind, dazuzulernen, ist eine gute Beziehung zu Ihren Kindern fast immer garantiert.

Haben Sie keine Panik, wenn Sie an die Pubertät Ihrer Kinder denken. Es besteht dazu kein Grund. Die vielen Mythen und Problematisierungen, die im Laufe der Zeit aufgestellt wurden, führen zu überzogenen Sorgen. In dieser Zeit sind Sie als Eltern nach wie vor gefragt. Und Sie sollten mit folgender Einstellung herangehen: Ich bin gespannt, in welche Richtung sich mein Kind verändert! Vertrauen ist die beste Medizin gegen Ihre persönlichen Ängste und Sorgen, auch trotz aller Herausforderungen und veränderten Familienstrukturen. Nutzen Sie diese Zeit, um Ihre Kinder anzuleiten und zu begleiten, ohne starre Grenzen zu setzen. Nehmen Sie Ihre Kinder in ihrer Individualität wahr. Geben Sie Ihnen das Gefühl, gewollt und wertvoll zu sein. Bringen Sie Ihnen Respekt und Vertrauen entgegen. Und ganz wichtig, zwingen Sie Ihren Nachwuchs nicht, so zu sein wie Sie selbst. Das bedeutet nicht, dass Sie auf Ihre Ansichten verzichten sollen. Doch Regeln und Verbote sind keine Problemlösung. Es sind Dialoge mit den Kindern gefragt. Erklären Sie, warum Sie der Meinung sind, dass die Tochter für Sex noch zu jung ist, warum starker Alkoholkonsum nicht gut oder das Konzert, auf das Ihr Sohn gehen will, zu weit weg ist. Zeigen Sie Ihre Ängste auf. Werden Sie offener, was Ihre Gefühle und Gedanken angeht. Drücken Sie Ihre Meinungen und Einstellungen aus. Werden Sie die/der beste Freund/in für Ihre Kinder. Denn, wenn Sie mit ihnen im guten Austausch stehen, werden Sie viel über das Leben Ihrer Kinder erfahren.

Wie kann aufgeklärt werden?

Obwohl das Thema Sexualität in den letzten Jahrzehnten weitestgehend enttabuisiert wurde, stellt die Aufklärung der eigenen Kinder dennoch eine der wichtigsten Herausforderungen dar. Und das, obwohl keine Generation als so aufgeklärt gilt wie die unserer Kinder. Im Internet sind zwar Informationen verfügbar, doch das bedeutet nicht, dass Kinder wirklich alles über Sex wissen. Sie als Eltern spielen bei der altersgerechten Aufklärung eine wichtige Rolle. Vielleicht sogar die wichtigste. Eine Studie der Bundeszentrale für gesundheitliche Aufklärung von 2015 zeigt, dass heute nur knapp 59 Prozent der Mädchen und lediglich 34 Prozent der Jungen von den Eltern (hier mehrheitlich von der Mutter) aufgeklärt worden sind. Sie sollten den Stellenwert der Aufklärung also nicht unterschätzen. Als Eltern haben Sie einen großen Einfluss auf das Wissen Ihrer Kinder. Und die beste Aufklärung ist nun einmal die individuelle, die über mehrere Instanzen stattfindet. Sicher, wenn Ihre Kinder älter werden, sollten sie neben den Eltern unbedingt andere Informationsquellen haben. Aber die Aufklärung im Elternhaus sollte nicht ausbleiben. Besonders dann nicht, wenn die Kinder in der Vorpubertät sind. Denn bevor diese das erste Mal Sex haben, werden sie bereits im Internet und den Medien mehrfach mit diesem Thema konfrontiert. Umfragen zeigen, dass ein Drittel der 13-Jährigen Jungen und Mädchen bereits sexuelle Darstellungen im Internet gesehen hat. Das bedeutet für Sie als Eltern, dass erste Aufklärungsgespräche bereits früher stattfinden müssen.

Am besten schon im Kleinkindalter. Diese können Sie ganz einfach in den Alltag integrieren. Sprich, bei kleinen Kindern benennen Sie während des Eincremens oder Anziehens die verschiedenen Körperteile, also auch die Geschlechtsteile. Erklären Sie ihnen ihre Funktion. Wenn früh Namen wie Vulva, Penis und Hoden bekannt sind, entwickeln die Kinder dafür ein Körpergefühl.

Mädchen wissen oft nicht genau, wo der Urin rausfließt oder wo später mal bei ihnen ein Baby herauskommen soll. Sie können als Mutter Ihrem Mädchen im Badezimmer einen Handspiegel reichen und ihr mit klaren Bezeichnungen erklären, wo was ist. Dadurch erhält Ihre Tochter Informationen mitsamt den richtigen Begrifflichkeiten und versteht sie auch. Sie müssen dann nicht mehr „da unten" sagen.

- Wenn Kinder keine Namen für ihre Körperteile kennen, können sie kein gutes Körpergefühl entwickeln. Erklären, wo was ist und wie es funktioniert, ist Ihre Aufgabe. Verwenden Sie keine eigenartigen Namen, sondern geben Sie den Kindern klare Bezeichnungen an die Hand.

Dass Sie mit der Aufklärung früh anfangen sollten, dient zudem dem Schutz Ihres Nachwuchses. Denn sie schützt vor sexueller Gewalt. Nur aufgeklärte Kinder wissen, was erlaubt und was nicht in Ordnung ist. Nur aufgeklärte Kinder können von Übergriffen berichten. Wenn ein Mädchen oder Junge erzählt, jemand habe sie/ihn da unten angefasst, ist es etwas anders, als wenn er/sie klar sagen kann, dass sie jemand an der Vulva oder dem Penis berührt hat.

Vermitteln Sie Ihren Kindern zum Beispiel die Stopp-Regel. Bei dieser wird klar, dass man jemand anderen nur berühren darf, wenn es für diese Person in Ordnung ist. Und auch nur dort, wo sie es möchte. Wenn eine Dreijährige ganz selbstverständlich von ihrer Vulva spricht oder ein Sechsjähriger von dem Vater aus einem Aufklärungsbuch vorgelesen bekommt, ist das gut. Eltern sollten ihren Kindern immer einen Schritt voraus sein. Sie können diese nicht verstören. Wenn Sie als Mutter Ihrer Tochter schon früh das Thema der Monatsblutung beibringen, verhindern Sie, dass diese überrascht wird, wenn es so weit ist. Eine zu frühe Sexualisierung gibt es nicht. Nur die Art der Erklärung hängt vom Alter ab. Und einige Themen wiederholen sich und werden mit zunehmendem Alter detaillierter.

Grundsätzlich brauchen Ihre Kinder in allen Altersphasen eine aufmerksame Bezugsperson. Dazu gehört stets das behutsame und respektvolle Einfordern einer Grenze, wie ein Nein: „Ich möchte nicht, dass du mich am Po oder den Brüsten berührst." Kinder lernen dadurch, dass Nein zu sagen in Ordnung ist und dass dieses Nein akzeptiert werden muss.

→ Um Kinder von klein auf aufzuklären, bedienen sich viele Eltern eines Tricks. Sie lassen zum Beispiel überall und jederzeit Bücher herumliegen. Auch jene über Sexualität und Liebe. Sie können das ruhig tun. Kinder spüren so, dass diese Bücher gleichgestellt sind mit Ronja Räubertochter & Co. Das ist wichtig, damit sie das Buch an sich nehmen und selbstständig ansehen. Achten Sie beim Kauf von Aufklärungsbüchern darauf, dass diese eine ähnliche Sprache verwenden, wie Sie es zu Hause tun. Dazu gehört, dass Wörter der Geschlechtsteile klar benannt werden und diese abgebildet sind. Wenn das Kind zu den im Buch abgebildeten Bildern oder Informationen Fragen hat, beantworten Sie diese. Blättert das Kind weiter, ist die Antwort ausreichend. Fragt es weiter, ist es gut, das Thema zu vertiefen. Aber in der Regel wollen Kinder in der Vorpubertät vieles gar nicht so genau wissen. Wenn Sie als Elternteil einmal überfordert sind, können Sie Ihrem Kind sagen: „Ich denke kurz darüber nach. Deine Frage ist gut, da werde ich mich erst einlesen", oder Ähnliches.

Wichtig bei all der Aufklärung ist, dass Sie der Entwicklung des Kindes vorausgehen. Beispiel Samenerguss oder Monatsblutung. Als Eltern sollten Sie sich stets informieren: Wann bekommen Mädchen die Periode? Wann haben Jungs ihren ersten Samenerguss? Kinder, die ein Handy besitzen oder Zugang zum Computer haben, werden trotz Filtern öfter mal auf sexuelle Inhalte stoßen. Hier sind Sie als Eltern ebenfalls in der Pflicht, mit Ihrem Kind darüber zu sprechen und ihm zu erklären, wie es sich verhalten und was es machen soll, wenn ihm Videos zugeschickt werden.

Sind Ihre Kinder bereits in der Pubertät, werden diese nicht immer von selbst auf Sie zukommen. Hier können Sie ebenfalls Situationen aus dem Alltag nutzen, die mit dem Thema zu tun haben. Zum Beispiel bietet es sich an, über tagesaktuelle Themen wie Diskriminierung von Homosexuellen und trans Personen, Frauenrechte, Feminismus, hormonelle Verhütung,

Schönheitsideale, Genderdiskussionen, Geschlechterrollen oder das Outing eines berühmten Menschen zu sprechen und dadurch Gesprächsbereitschaft zu signalisieren. In diesem Zusammenhang können Ihnen die Kinder mitteilen, was sie schon alles wissen. Ein weiterer Trick, um ins Gespräch zu kommen, ist, wenn Sie Artikel oder Podcasts zu dem Thema recherchieren und danach Ihren Kindern Fragen stellen, wie sie das sehen. Oder wie es bei ihnen an der Schule ist. Sie können die Podcasts gemeinsam hören oder sie den Kindern zum Anhören geben und später darüber sprechen. Die Botschaft, Sex und sexuelle Neugier sind toll, sollte dabei immer rüberkommen.

Übrigens dürfen bei diesen Gesprächen auch die Väter ruhig mal ran. Denn leider halten sich noch immer viele von ihnen fast vollständig aus der Aufklärung heraus. Wenn Sie als Vater unsicher sind, macht das nichts. Gerade Jungs sollten und dürfen ihre Väter in einer Situation der Unsicherheit erleben. So wissen sie, dass Unsicherheiten ebenfalls zur Männlichkeit gehören.

Sich in die Lage des Kindes versetzen

Erinnern Sie sich? Wie war das bei Ihnen damals? Haben Ihre Eltern Sie aufgeklärt? Oder mussten Sie sich selbst aufklären? Was hätten Sie sich von Ihren Eltern gewünscht? Wie hätten diese mit Ihnen sprechen können? Diese Gedanken und Reflexionen helfen Ihnen, sich in die Lage des Kindes zu versetzen. Gute Aufklärung gelingt, wenn sie aus eigenen Erfahrungen heraus entsteht. Machen Sie sich dies bewusst. Besonders, wenn die Kleinen anfangen, Fragen zu stellen. Diese mögen vielleicht für Belustigung sorgen. Dennoch sollten Sie ernst und sachlich reagieren und alle Fragen beantworten. Wenn eine dieser forschen Fragen Sie zuerst überfordert, können Sie sich für die Formulierung der Antwort Zeit lassen und sagen, dass Sie darüber nachdenken. Bedenken Sie, dass Ihre Kinder die Dinge anders wahrnehmen als Sie. Sie fragen geradeaus, finden alles interessant und wollen die Welt verstehen. Als Eltern können Sie dazu beitragen, dass sich die Kinder wohlfühlen und sich trauen, Fragen zu stellen. Und diese Fragen sind ein wichtiger Teil in der Entwicklung der Kinder.

Verabschieden Sie sich von dem Gedanken, dass es für mögliche Themen zu früh ist. Statt mit Worten zu vertrösten wie „Dazu bist du noch zu klein", sollten Sie mit Ihren Kindern auf Augenhöhe sprechen und eine Gesprächskultur pflegen. Bleiben Sie, so gut es geht, verständnisvoll. Wenn es Ihnen als Eltern schwerfällt, über pikante Themen zu sprechen, können Sie üben, indem Sie zuerst mit Ihrem/r Partner/in sprechen.

- Haben Sie in der Zeit der Vorpubertät/Pubertät ein offenes Ohr für Ihre Tochter oder Ihren Sohn. Am besten ist es, wenn Sie die Fragen sachlich und neutral beantworten.

- Vermeiden Sie veraltete Ansichten und Glaubenssätze, auch wenn Sie womöglich noch an diese glauben. Auch Ihre Eltern glaubten vielleicht an bestimmte Dinge, die für Sie damals nicht mehr tragbar waren.

- Vermeiden Sie bei der Aufklärung Schamgefühle und Horrorgeschichten.

- Es gibt keine dummen oder falschen Fragen. Werten Sie Ihre Kinder bitte nicht ab, wenn diese mit ihren Problemen zu Ihnen kommen.

- Sie dürfen gemeinsam mit Ihrem Kind lachen und das Thema darf für Kinder auch lustig sein.

- Je nach Alter können sich Kinder bei bestimmten Themen ekeln. Das ist vollkommen in Ordnung.

Geht es ans Eingemachte, sollten Sie Ihren Kindern vermitteln, dass Sex und Verhütung normale Dinge sind, vor denen man keine Scheu haben muss. Sprechen Sie mit Ihren Schützlingen offen und ehrlich. Vermitteln Sie ihnen, dass sie sich immer an Sie wenden können, wenn Fragen zum Thema auftauchen. Offenheit im Umgang mit Sex & Co. sind der Schlüssel, Ihren Kindern die Unsicherheit zu nehmen. Die Fragen sollten natürlich altersgerecht beantwortet werden. Das klassische Aufklärungsgespräch sollte im Alter zwischen zehn und zwölf Jahren erfolgen. Wenn Sie Ihren Kindern zudem davon erzählen, wie Sie sich selbst in dieser Zeit gefühlt haben und welche Fragen Sie damals hatten, ermutigen Sie Ihre Kinder, sich zu noch unbeantworteten Fragen zu äußern. Und noch einmal: Wenn Sie sich als Eltern gut vorbereiten wollen, ist es hilfreich, sich zurückzuerinnern, wie Sie sich die Gespräche mit Ihren Eltern gewünscht hätten.

Eine kleine Hilfestellung für die Aufklärung: Nutzen Sie beim Beantworten von Fragen das sogenannte „Löwe-Prinzip". Sprich, antworten Sie punktgenau. Wenn Ihr Kind fragen würde: „Wo wohnt der Löwe?", würden Sie ganz genau antworten und sagen im Zoo, in Afrika usw. Versuchen Sie bei Fragen, die die Sexualität betreffen, also punktgenau zu antworten. Sie müssen nicht ausholen und schon gar nicht hochwissenschaftlich werden. Das bringt Ihre Kinder nur durcheinander. Sie werden schon weitere Fragen stellen, wenn ihnen die Antwort noch nicht genügt.

Kinder schützen, indem Sie aufklären! Unabhängig vom Alter

Kinder, die nicht lernen, über die „Sonnenseiten" der Sexualität zu sprechen, werden über die „dunklen Seiten" erst recht nicht reden oder damit zurechtkommen können. Sicher gibt es Dinge, die Sie als Eltern lieber verschweigen würden. Wohl aus Angst heraus, Ihr Kind zu etwas Falschem zu motivieren. Doch wenn Sie aus den falschen Gründen heraus auf die Aufklärung verzichten, ist das für Ihre Schützlinge nicht gut. Denn Missbrauch ist weiterhin ein allgegenwärtiges Thema, das leider häufig im eigenen Umfeld vorkommt. Je früher Sie darüber reden, desto besser sind Ihre Kinder geschützt. Stellen Sie sich dabei immer die Frage, was Ihre Kinder wissen müssen. Kinder, die Bescheid wissen, sind selbstbewusster und trauen sich, „Nein" zu sagen. Sie können Übergriffe und Missbrauch einordnen, möglicherweise abwehren und zudem Hilfe holen, wenn es einen Übergriff gab.

Sie können Ihren Kindern diese Themen also durchaus zumuten. Und diese dürfen und sollten ruhig erfahren, dass es Erwachsene gibt, die Sex mit Kindern wollen und diese an Stellen berühren, wo das unangenehm und nicht in Ordnung ist.

Machen Sie sich als Eltern bewusst, dass die Aufklärung einen präventiven Effekt mit sich bringt. Gut aufgeklärte Kinder sind vor sexuellem Missbrauch und sexueller Gewalt besser geschützt, bestätigen auch Sexualpädagogen. Zumal viele Täter ihre Opfer kennen und es sich in den wenigsten Fällen um einen unbekannten fremden Mann handelt, der Kinder in sein Auto lockt. 90 Prozent der Missbrauchstäter stammen aus der Familie oder dem sozialen Umfeld. Das Gemeine ist, dass sie die Unwissenheit und Unsicherheit der Kinder ausnutzen. Genau aus diesen Gründen ist Aufklärung so wichtig. Kinder sollten verstehen, dass Sex nur etwas zwischen zwei Jugendlichen oder Erwachsenen ist und in diesem Zusammenhang auf liebevolle Art stattfindet.

Was können Sie tun, um das Selbstbewusstsein Ihres Kindes zu stärken? Neben der Aufklärung ist es wichtig, dass Sie das Selbstbewusstsein und den Selbstwert des Kindes stärken. Das ist ein weiterer, wichtiger Aspekt bei der Prävention von Missbrauch. Zeigen Sie Ihrem Kind, dass Sie es aufgrund seines Seins lieben und nicht nur wegen seines Tuns. Loben Sie also nicht nur, wenn es gute Noten gab oder Ihre Kinder etwas Tolles geleistet haben. Lob darf und sollte grundlos und ohne speziellen Anlass erfolgen. Das wirkt sich sehr stark auf den Selbstwert aus und macht die Kinder stark.

Empfehlungen von offizieller Seite zur Sexualaufklärung von Kindern

Die Weltgesundheitsorganisation (WHO) veröffentlichte im Jahr 2011 eine neue Definition zur Aufklärung von Kindern und Jugendlichen. Sie lautet wie folgt: „Sexualaufklärung vermittelt Kindern und Jugendlichen schrittweise Informationen, Fähigkeiten und positive Werte und befähigt sie, ihre Sexualität zu verstehen und zu genießen, sichere und erfüllende Beziehungen einzugehen sowie verantwortlich mit ihrer eigenen sexuellen Gesundheit und der ihres Partners umzugehen. Ihr vorrangiges Ziel bei Kindern und Jugendlichen besteht in der Förderung und dem Schutz der sexuellen Entwicklung."

Diese Definition beschreibt, wie wichtig umfassende Sexualaufklärung ist. Sie sollte fachlich fundiert sein, pädagogische Inhalte haben und körperliche, psychische sowie soziale Aspekte der Sexualität berücksichtigen. Des Weiteren beschreibt die WHO, dass die Inhalte der Sexualaufklärung am besten in einen allgemeinen Lebenskontext gesetzt werden, sodass sie für die Kinder und Jugendlichen verständlich und nachvollziehbar sind. Zudem sollte sich die Aufklärung und die Auswahl des Themas an dem jeweiligen Alter des Kindes orientieren. Das Ziel ist somit eine alters- und entwicklungsadäquate Aufklärung, die auf die jeweilige Lebensrealität abgestimmt ist. Sie ist also gleichzeitig situations- und bedürfnisorientiert. Die von der WHO definierte Idee umfassender Sexualaufklärung verlangt, dass derjenige, der aufklärt, ebenfalls ein umfassendes Verständnis von Sexualität hat. Das heißt, als Eltern sind Sie gefragt, sich nicht nur auf rein körperliche und biologische Merkmale zu konzentrieren. Diese alleine reichen nicht für eine umfassende Aufklärung aus.

Die Bundeszentrale für gesundheitliche Aufklärung (BZgA) hat für die Sexualaufklärung ebenfalls Standards festgelegt. Für die Bundeszentrale sind dabei zwei Themen wichtig: der menschliche Körper und die körperliche Entwicklung sowie die Sexualaufklärung und Förderung von Gesundheit und Wohlbefinden. Je nach Entwicklungsstand und Alter des Kindes sollte sich die Aufklärung nicht nur auf Fakten beschränken. Im Rahmen der Aufklärung ist es wichtig, dass Kinder ein positives Körper- und Selbstbild entwickeln und sich ihrer verschiedenen Körperteile bewusst sein. Das bedeutet, Kinder müssen gute und schlechte Körperwahrnehmungen unterscheiden können. Wenn Kinder lernen, ihren Körper wertzuschätzen, so die BZgA, können sie bei nicht gewollten Berührungen Nein sagen und Hilfe holen.

In Bezug auf Sexualaufklärung im Kindergarten und der Schule liegt die Hauptverantwortung ebenfalls bei den Eltern oder den Erziehungsberechtigten. Zwar sollte Sexualaufklärung im Kindergarten und der Schule stattfinden, da sie der Prävention von sexuellen Übergriffen sowie dem Schutz der Gesundheit dient, doch kann sie nicht auf die individuellen Bedürfnisse des Kindes eingehen. Das bedeutet, die Aufklärung ist individuell. Kinderpsychologen und Ärzte empfehlen Eltern, sich der Verantwortung nicht zu entziehen, da sich jedes Kind anders entwickelt und nur die Eltern vollständig auf die Bedürfnisse des Kindes eingehen können. Nur die Eltern können das Kind bestmöglich bei der Aufklärung unterstützen.

- Die BzGA wünscht sich, dass Eltern bei der Aufklärung ihrer Kinder helfen, sodass diese eine positive sexuelle Identität und Persönlichkeit entwickeln. Die Sexualaufklärung sollte deshalb auch auf emotionale und soziale Aspekte der Sexualität eingehen.

- Kinder, die nicht nur biologisches Wissen erwerben, sondern darüber hinaus Kenntnisse und Fähigkeiten erhalten, um respektvolle und gleichberechtigte Beziehungen eingehen zu können, sind umfassend aufgeklärt.

- Die WHO-Definition sieht die Aufklärung als umfassend an: Sie sollte auf Gefühle, die Bedeutsamkeit von Liebe, Verantwortung für sich selbst und andere sowie die Gesellschaft als Ganzes eingehen.

- Öffentliche Stellen, Ärzte und Therapeuten sehen Sexualität als etwas Positives für den Menschen an. Sie ist Quelle für Genuss, Zufriedenheit und Bereicherung. Traditionell wurde sich bei der Aufklärung vorwiegend auf das Risiko und die möglichen Gefahren konzentriert wie Schwangerschaften und sexuell übertragbare Krankheiten. Ein negativer Fokus bei der Aufklärung ist heute aber nicht mehr sinnvoll. Kinder und Jugendliche sollten wissen, wie sich Sexualität und Beziehungen in einer verantwortlichen Weise erleben lassen. Hier sollten Sie als Eltern bei den Stärken des Kindes ansetzen und positives Wissen vermitteln.

Aufklärung in der Schule reicht nicht aus

Viele Eltern glauben, dass ihre Kinder bereits ausreichend aufgeklärt sind. Heute ist Sexualität sowieso überall präsent. Und die Kinder lernen ohnehin in der Schule und über die Medien alles zum Thema Sex. Dieses Denken ist bei vielen Eltern, deren Kinder in der Vorpubertät oder Pubertät sind, verbreitet. Zwar fühlen sie sich noch für die frühe Sexualerziehung im Kleinkindalter verantwortlich, doch dann hört die Aufklärung meistens auf. Hinzu kommt die Unsicherheit, die viele Eltern verspüren, wenn sie mit ihren Kindern über Sex reden müssen. Zwar wurde Sexualität in den letzten Jahrzehnten ein großes Stück weit enttabuisiert. Dennoch bleibt die Aufklärung von Kindern nach wie vor eine Aufgabe der Eltern. Dies mag eine Herausforderung sein. Die Aufklärung deshalb auszulassen und darauf zu hoffen, dass die Kinder ihr Wissen anderswo erhalten, ist allerdings kontraproduktiv.

Zumal Sexualerziehung und Aufklärung durch die Eltern Kindern etwas Wichtiges vermitteln: Kinder lernen, ihren Körper und ihre Empfindungen zu respektieren. Sie erfahren, dass es etwas Schönes ist, den eigenen Körper zu entdecken, ohne dafür gerügt zu werden. Die Aufklärungsgespräche, die Eltern mit ihren Kindern führen, helfen, zu verstehen, dass es schön ist, eine Frau oder ein Mann zu werden. Diese Möglichkeit wird Kindern im Aufklärungsunterricht an der Schule nicht vermittelt. Zumal, wie Sie jetzt wissen, eine ganzheitliche Aufklärung über einen längeren Zeitraum und immer wieder zwischendurch stattfindet.

Warum reicht die Aufklärung für Kinder an den Schulen nicht aus? Oft finden Jugendliche den Aufklärungsunterricht zu technisch und zu biologisch. Die positiven Seiten der Sexualität werden dort viel zu wenig beschrieben. Umfragen zeigen, dass sich die meisten Jungen und Mädchen mehr vom Aufklärungsunterricht wünschen als nur die korrekte Bezeichnung der Geschlechtsorgane und die Aufklärung zu Empfängnisverhütung und Geschlechtskrankheiten. Einige Kinder, die gezielt zu ihrem Sexualkundeunterricht befragt wurden, gaben entsprechende Antworten: „Mein Lehrer traute sich nicht einmal, das Wort Klitoris zu erwähnen, während er uns die Geschlechtsteile per Folie erklärte." Oder: „Im Sexualkundeunterricht wird uns nur vermittelt, dass Sex gleich zu Geschlechtskrankheiten führt. Und das wars."

Das zeigt, dass schulische Aufklärung nicht ausreicht, um alle Wissenslücken zu schließen. Meistens werden nur grundlegende Informationen vermittelt. Viele Fragen in den Köpfen der Kinder bleiben unbeantwortet. Nur wenige Lehrer vermitteln darüber hinaus die richtigen Werte zum Thema Sexualität. Außerdem nehmen Jugendliche von der Lehrkraft weniger an als von den Eltern oder Freunden. Je nach Schulsystem findet der Aufklärungsunterricht zwischen der sechsten und achten Klasse statt. In dieser Zeit können Sie den Sexualkundeunterricht an der Schule als Aufhänger nutzen, um die Aufklärung zu Hause zu vertiefen.

Was Eltern über Kinder und Pubertät noch wissen sollten

Kinder sind von Kindesbeinen an sexuelle Wesen. Bereits als Säugling machen sie erste körperliche Lusterfahrungen. Und zwar durch Lutschen und Saugen. Der Mund ist für sie die erste erogene Zone, die sie erkunden. Wenn die Kinder dann ins Vorschulalter kommen, fangen sie oft gezielt an, sich an Penis und Kitzler zu reiben. Sie spielen Doktorspiele, die Ausdruck ihrer Wissbegierde sind. Auch haben Kinder in diesem Alter viel Freude, sich nackt zu zeigen und alles genau zu untersuchen. Nach dieser anfänglichen Zeigelust entwickeln Kinder allerdings mit der Zeit Schamgefühle. Und sie spüren, dass Nacktsein und sexuelle Handlungen etwas Privates sind.

Was heißt das für Sie als Eltern? Sexuelle Neugier entsteht bei Kindern nicht erst in der Pubertät, sondern schon lange vorher. In der Grundschule verlieben sich viele das erste Mal. Selbst, wenn das noch sehr kindlich ist, fangen sie an, sich dem anderen Geschlecht zu nähern. Hier wünschen sich viele Kinder bereits mehr Informationen.

Kommt der Nachwuchs dann in die Pubertät, steht die bedeutendste Veränderung auf dem Plan. Denn jetzt verwandeln sich Mädchen und Jungen in junge Erwachsene. Angetrieben durch hormonelle Veränderungen werden sie geschlechtsreif und erleben richtiges Verliebtsein sowie erotische Fantasien. Sexuelle Lustgefühle werden stärker. Selbstbefriedigung wird plötzlich zum Thema. Jetzt wollen die Jugendlichen ihre Sexualität in allen Formen erleben und individuell gestalten. Das bringt jede Menge Herausforderungen mit sich. Denn sexuelle Impulse lassen sich nicht immer einfach so abschalten. Und Sexualität kann Stress verursachen und verletzend sein.

Kinder werden eigenständig – Eltern als Begleiter!

Kinder brauchen während ihrer körperlichen und sexuellen Entwicklung elterliche Fürsorge, Förderung und Begleitung. Diese sollte natürlich den Lernbedürfnissen und dem Alter angemessen sein. Im Baby- und Kleinkindalter, und auch später, von Mutter oder Vater gehalten oder umarmt zu werden, legt bereits einen wichtigen Grundstein. Damit entfalten Kinder schon in frühen Jahren ihre Sinne und erleben ein positives Körpergefühl. Zu sagen, dass Sexualerziehung mit der Geburt beginnt, ist also nicht übertrieben.

In der Vorpubertät wird Ihre Rolle als Eltern allerdings eine neue Wendung nehmen. Dann sind Sie auch Gesprächspartner und Wissensvermittler in vielen anderen Bereichen. Aber in der Pubertät wird es Aktivitäten und Dinge geben, die Ihre Kinder vor Ihnen verheimlichen. Das müssen Sie respektieren. Auch der Rückzug nimmt in der Pubertät immer mehr zu. Kinder brauchen diesen für ihre Eigenständigkeit. Vieles empfinden sie nun als Privatsache. Ganz besonders die eigene Sexualität. Mädchen wie Jungen grenzen sich in dieser Zeit immer mehr von den Eltern ab. Das bedeutet für Sie, dass Sie herausfinden müssen, in welchen Situationen Gespräche angebracht sind und in welchen Momenten Zurückhaltung gefordert ist. Viele Jugendliche sind in der Pubertät verunsichert und mit körperlichen Veränderungen und Stimmungsschwankungen überfordert. Da ist es als Elternteil nicht immer leicht, zu wissen, was gerade angebracht ist.

Eltern sind in dieser Zeit nicht mehr die einzige Informations- und Gesprächsquelle. Oft springen auch gleichaltrige Teenager und ältere Geschwister ein. Was hier besprochen wird, bekommen die Eltern meistens nur ansatzweise mit. Freunde und Freundinnen erhalten in der Zeit der Pubertät eben einen hohen Stellenwert. Mit ihnen können Ihre Kinder sich austauschen und Sorgen und Probleme besprechen. Aber dieser Fakt bedeutet nicht, dass Sie als Eltern plötzlich überflüssig werden, wenn Sie aufklären. Sie können sich gemeinsam mit Ihren Kindern auf Forschungsreise begeben und so die Neugier wecken. Erkunden Sie gemeinsam Fragen wie „Welche Kondomgröße ist richtig?", „Wie wirkt die Pille?" oder „Was passiert im Körper, wenn es zum Eisprung kommt?"

Wenn Ihre Kinder Ihnen irgendwann in den nächsten Jahren signalisieren, dass Ihre kreativen Aufklärungsmethoden peinlich oder überflüssig geworden sind, bedeutet das nur, dass sie sich in Richtung Selbstständigkeit bewegen. Ab diesem Zeitpunkt können Sie sich zurückhalten und sich weitestgehend auf Tipps und Infomaterial wie Broschüren beschränken. Natürlich gibt es für Jugendliche spannende Aufklärungsbücher, die sie kaufen könnten.

Sie sind ein wichtiges Vorbild für Ihre Kinder

Das Wichtigste ist, mit gutem Beispiel voranzugehen. Es bedarf nicht immer nur großer Worte. Auch ohne gesprochene Worte bekommen Kinder vieles vermittelt. Schließlich sind Sie als Eltern jeden Tag aufs Neue ein Vorbild in der Art und Weise, wie Sie sich verhalten, geben und mit Ihrem Körper umgehen.

Hinterfragen Sie sich: Gehe ich morgens auf die Waage und bin verzweifelt? Beäuge ich mich kritisch im Spiegel? Bin ich unzufrieden mit meinem Aussehen und zeige dies vor den Kindern? Ober bin ich im Reinen mit mir, mag meinen Körper, fühle mich wohl? Denn Sie sind ihren Kindern auch ein Vorbild in der Art, wie Sie sich als Frau oder Mann zeigen, wie Sie Ihre Beziehung / Ehe führen und wie Sie Ihren Alltag leben.

Das bedeutet, wenn Sie bei sich zu Hause eine sexualfreundliche und körperfreundliche Atmosphäre schaffen, überträgt sich das automatisch auf die Kinder. Diese achten zudem ganz besonders auf die liebevollen Gesten, die zwischen den Eltern ausgetauscht werden. Küssen und umarmen sich diese zärtlich und zeigen sie sich ihre Zuneigung? Sind sie authentisch? Authentisch sein bedeutet in diesem Zusammenhang, ob Sie das Gesagte und Vorgemachte ehrlich meinen. Es wäre nicht glaubwürdig, wenn Sie als Mutter Ihrer Tochter sagen, dass Schlankheit keine Rolle spielt, Sie selbst aber ständig auf Diät sind. Oder wenn Sie als Vater mit Ihrem Sohn über Liebeskummer sprechen wollen, selbst aber keine Gefühle zeigen können.

Sobald Sie Ihre Authentizität hinterfragen, werden Sie feststellen, dass Sie nicht immer den Ansprüchen gerecht werden, die Sie an Ihre Kinder stellen. Natürlich müssen Sie nicht perfekt sein, aber Sie sollen auch nicht etwas einfordern, dass Sie selbst nicht tun würden. Und lassen Sie Ihre Kinder ruhig ab und zu miterleben, wie Sie Ihre Probleme lösen oder mit diesen umgehen. Das können sogar körperliche Themen wie Problemzonen sein. All das ist enorm wichtig. Denn die Einstellungen, die Ihr Kind im Laufe seines Lebens zum Thema Sexualität entwickelt, sind ganz klar durch Ihre sexuellen Erlebnisse, Beziehungsmuster und Werte geprägt.

Über Verlust und Schmerz, wenn Kinder eigenständig werden

So gut wie alle Eltern erleiden einen spürbaren Verlust, wenn die eigenen Kinder in die Pubertät kommen. Dann geht ein Teil der vertrauten Nähe verloren. Und die Eltern verlieren an Bewunderung. Sie müssen in der Pubertät zudem einen Teil der Kontrolle abgeben. Und es kommt eine weitere Aufgabe auf die Eltern zu: Sie müssen Ihre Rolle wechseln. Statt wie bisher gemeinsam mit dem Kind aktiv zu werden, sind die Eltern gezwungen, nun eher eine beobachtende und unterstützende Rolle einzunehmen. Freunde der Kinder sind es, die nun aktive Mitspieler sind. Die Eltern geben lediglich den Rahmen vor und bieten ihrem Nachwuchs weiterhin ein Sicherheitsnetz. Das ist für viele Eltern unglaublich schwierig zu akzeptieren. Mit diesem Verlust und dem gleichzeitigen Rollenwechsel können sie nur schwer umgehen. So gehen Kinder und Eltern beide zur gleichen Zeit durch keine einfache Phase. Auf beiden Seiten kommt es zu Schmerz über den Verlust und zu Verwirrung über den Rollenwechsel. Oft entsteht ein permanenter Spannungszustand. Viele Eltern begeben sich ständig in Alarmbereitschaft. Statt wirklicher Fürsorge kommt es zu dauerhafter Beunruhigung. Als Eltern müssen Sie sich aus diesem festgefahrenen System herausboxen. Das gelingt mit gemeinsamen Gesprächen. Sprechen Sie mit Ihrem/r Partner/in über die Gefühle, die dieser Verlust in Ihnen auslöst. Sprechen Sie viel und immer wieder miteinander. Erarbeiten Sie neue Elternrollen und definieren Sie neue Grenzen. Es ist ungemein wichtig, dass Sie in der Phase der Pubertät mit Ihrem/r Partner/in über sich selbst und übereinander sprechen. Ihre Kinder sollten in diesen Gesprächen nicht immer im Fokus stehen. Sonst öffnen Sie erneut den Teufelskreis der Beunruhigung. Zudem spielen Sie als Eltern während des Umwandlungsprozesses der Kinder eine wichtige Rolle. Dazu müssen Sie sich selbst richtig einschätzen können. Seien Sie sich im Klaren darüber, dass sich das, was zwischen Ihnen und Ihren Kindern vor sich geht, nicht mehr ungeschehen machen lässt. Sie müssen für Ihr Handeln Verantwortung übernehmen. Auch, wenn Sie den Job, so gut es geht, machen. Wenn Ihre Kinder dann im Teenageralter sind, ist es zu spät, diese zu erziehen.

Zum Glück ist es immer möglich, sich selbst zu ändern. Lassen Sie sich vom Zusammenleben mit den Kindern inspirieren. Seien Sie bereit, Neues zu lernen. Und lernen Sie, etwas von der inneren Sehnsucht und dem Verlust loszulassen. Gehen Sie aktiv in den Dialog: Hier bin ich, hier bist du. Teilen Sie Ihren heranwachsenden Kindern mit, dass Sie deren Wünsche und Bedürfnisse ernst nehmen und danach handeln und entscheiden.

Das ist für Sie möglicherweise ein ganz neuer Ansatz. Doch er ist einen Versuch wert!

In den folgenden Kapiteln wird nun detailliert auf die Veränderungen eingegangen, die Mädchen und Jungen in der Pubertät durchlaufen. In diesem Zusammenhang erhalten Sie wertvolle Tipps und Hinweise, wie sie gemeinsam diese Phase überstehen können. Als Eltern wollen Sie sicher wissen, wie Sie Ihr Kind gut auf die anstehenden Veränderungen vorbereiten können. Machen Sie sich das Alter der Kinder zwischen acht und elf Jahren zunutze. In dieser Zeit der Vorpubertät sind Kinder sehr wissbegierig und saugen alles auf, was sie an Neuem erfahren können. Sie können dann schon eigenständig Entscheidungen treffen. Dieser Augenblick ist optimal, um über ein paar Themen der Pubertät zu sprechen und aufzuklären. Denn es hilft Kindern, wenn sie schon vorher wissen, welche Veränderungen bevorstehen und welche Herausforderungen die Pubertät mit sich bringt. Und hier gilt: Je besser Sie im Bilde sind, umso besser können Sie Ihrem Kind helfen. In diesem Buch wird deshalb die Pubertät von Mädchen und Jungen unterschieden und im Einzelnen beleuchtet.

Körperliche Veränderungen
in der Pubertät

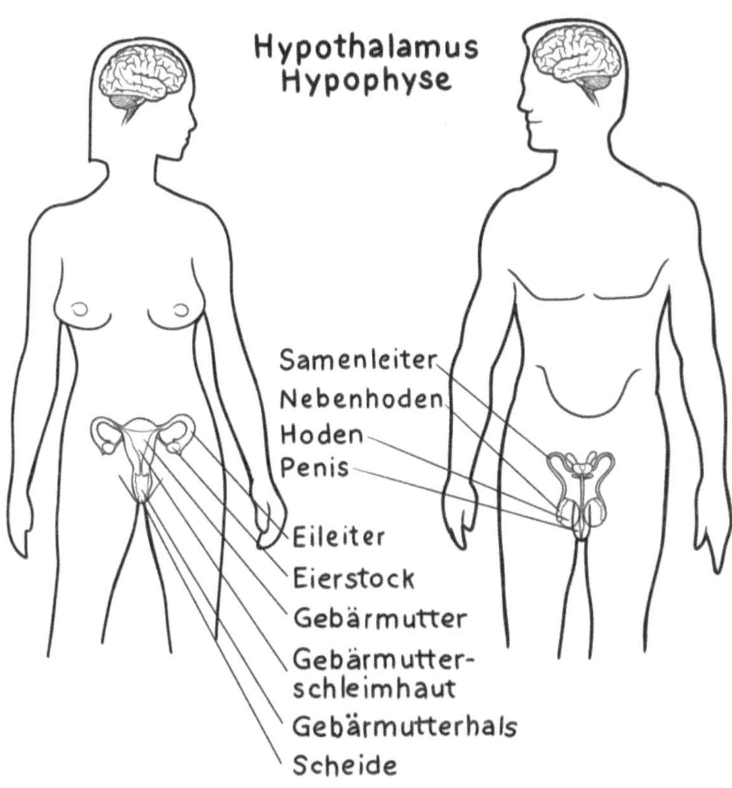

In der Vorpubertät und Pubertät machen Ihre Kinder viele psychische und körperliche Veränderungen durch. Zudem verändern sie ihr Sozialverhalten. Besonders herausfordernd sind in dieser Zeit allerdings die körperlichen Veränderungen. Sie rufen bei fast jedem Kind Unsicherheiten hervor. Oft werden sie davon überrumpelt. Sie wissen häufig nicht, wie sie damit umgehen sollen. Zumal sie auf keine Erfahrungswerte zurückgreifen können.

Erste Anzeichen der Verunsicherung sind Schamgefühle. Diese zeigen Kinder meist plötzlich. Sie wollen sich nicht mehr nackt zeigen. Neben der Verunsicherung über körperliche Veränderungen fühlen sich viele Kinder in der Pubertät (oft schon in der Vorpubertät) depressiv. Das hat mit dem Umbau im Gehirn zu tun. Diesem sind die plötzlichen Stimmungsschwankungen und Selbstzweifel zu verdanken, die nur allzu gerne in einem Wutausbruch enden. Alle diese Verhaltensweisen hängen auch eng mit der vermehrten Hormonproduktion zusammen, die vor allem in der ersten Phase der Pubertät extrem ist. Neben Adrenalin werden Sexualhormone ausgeschüttet. Bei Mädchen sind es die Östrogene, bei Jungen ist es das Testosteron. Diese Sexualhormone kurbeln das Wachstum und die Herausbildung der Geschlechtsorgane und des Körpers an. In dieser turbulenten Zeit verändern Kinder viele ihrer Verhaltensweisen. Sie legen Kindliches immer mehr ab. Sie fangen an, ihr Zimmer anders zu dekorieren, hängen Poster von Bands und Stars auf, die sie verehren. Privatsphäre ist plötzlich enorm wichtig. Das Kind schließt sich nun gerne im Bad oder im eigenen Zimmer ein und teilt weniger Erlebnisse mit den Eltern. Die Distanz wird spürbar größer.

Sichtbar wird die Pubertät auch, wenn es zu Heimlichkeiten vor den Eltern kommt. Lügen ist in dieser Phase nämlich ganz normal.

Veränderungen bei Mädchen in der Pubertät

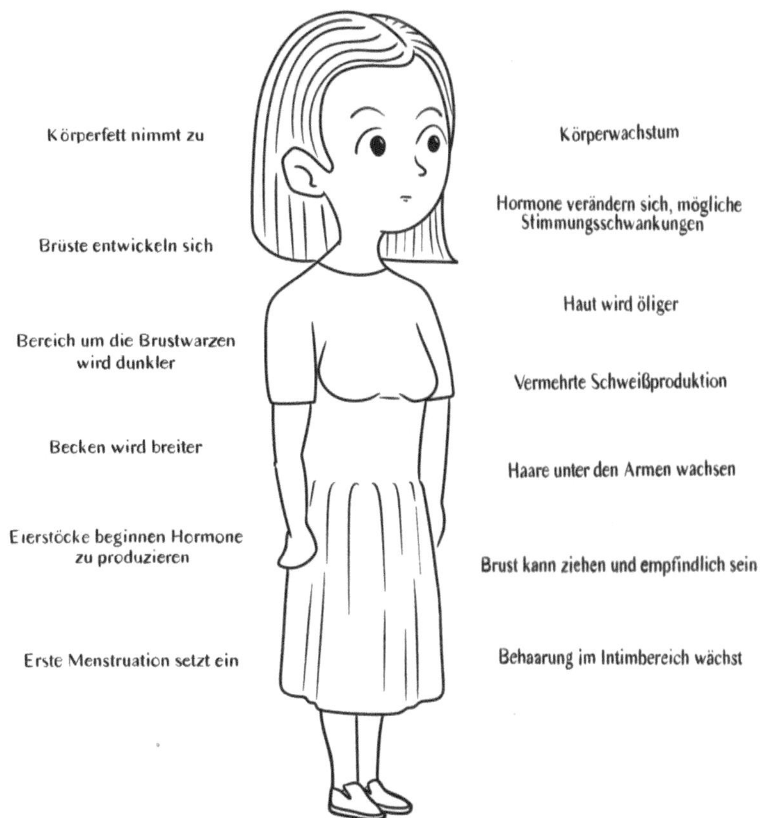

Mädchen sind Jungen meist ein wenig voraus. Bei ihnen beginnt die Pubertät im Alter zwischen acht und zehn Jahren. Zuerst erfolgt eine Hormonumstellung, die bei vielen Mädchen einen enormen Wachstumsschub zur Folge hat. Deshalb sind Mädchen in diesem Alter oft deutlich größer als Jungen. Gleichzeitig bilden sich die inneren Geschlechtsorgane aus. Durch die erfolgte Hormonumstellung machen sich dann ab dem zehnten Lebensjahr körperliche Veränderungen deutlich bemerkbar. Viele Mädchen verändern sich scheinbar über Nacht. Die Schamhaare beginnen zu wachsen. Haare unter den Achseln und an den Beinen fangen an zu sprießen. Gleichzeitig startet das Brustwachstum. Bei den meisten Mädchen beginnt dieses zunächst mit einer leichten Wölbung, da das Brustgewebe als Erstes wächst. Im Anschluss vergrößern sich die Brustwarzen und der Warzenhof wird dunkler. In der Zeit des Brustwachstums leiden viele Mädchen unter einem schmerzhaften Ziehen und Kribbeln. Oft wächst eine Brust schneller als die andere. Das ist aber völlig normal. Etwa ungefähr zur selben Zeit vergrößert sich die Vagina. Im Inneren wächst die Gebärmutter heran, bis sie eine typische Birnenform erreicht hat.

Mädchen bekommen in diesem Zeitraum zudem eine deutlich weiblichere Körperform und breitere Hüften. Ein ausgeprägtes Muskelwachstum wie bei den Jungs findet bei ihnen nicht statt. Aber in der Pubertät setzt der weibliche Körper mehr Fett an. Das verunsichert viele Mädchen. Sie fühlen sich plötzlich nicht mehr wohl, empfinden sich als hässlich oder nicht schön genug. Zumal vielen Mädchen das eigene Äußere wichtig ist und sie viel Wert auf ihr Aussehen legen. Denken Sie nur an das typisch übersteigerte Rollenverhalten: Mädchen konzentrieren sich in dieser Zeit ganz besonders auf Schönheit und unterstreichen das mit passendem Styling, Kleidung und Schminken. (Anmerkung: Das ist keine Wertung. Traurigerweise sind viele Mädchen dem Druck der Gesellschaft ausgesetzt, bestimmten Schönheitsidealen zu entsprechen, die durch die Medien, von Freunden, Reality Shows wie Germany's Next Topmodel, Familienmitgliedern usw. vorgelebt werden.)

Einige Mädchen bekommen bereits früh in der Pubertät ihre erste Regelblutung. Bei anderen dauert es bis zum 13. oder 14. Lebensjahr. Einige Mädchen haben die Menarche (Name der ersten Menstruation) erst mit 15 oder 16 Jahren. Ab dem Zeitpunkt der ersten Regel, beziehungsweise schon rund 14 Tage früher (denn erst erfolgt der Eisprung), können Mädchen schwanger werden und ein Kind gebären. Da die Menstruation am Anfang sehr unregelmäßig ist, kann es bis zu ein oder zwei Jahren dauern, bis sich der Zyklus reguliert hat.

In der letzten Phase der Pubertät, so ab dem 17. Lebensjahr herum, sind die meisten Mädchen voll entwickelt. Vulva und Gebärmutter sind ausgeprägt. Die Proportionen des Körpers stimmen und harmonieren jetzt. Meistens haben sich die Regelblutung und der Zyklus eingependelt. Die Mädchen sind zu Frauen geworden.

→ Da die Hormonproduktion in den ersten Jahren der Pubertät überhandnimmt und die Hormone sprichwörtlich verrücktspielen, liegen die Emotionen bei jungen Mädchen oft blank. Viele sind launisch und reagieren extrem empfindlich und sensibel. Eine kleine Meinungsverschiedenheit oder Unstimmigkeit kann bereits Tränen auslösen. Das Denken ist manchmal sehr egozentrisch. Das dient aber der Sinnfindung, die in der Pubertät eine wichtige Rolle spielt. Viele Mädchen versuchen in dieser Zeit, eine neue Weltanschauung zu erlangen. Dadurch sind sie allerdings stärker mit Identitätsproblemen belastet als Jungs. In der Pubertät fühlen sich deshalb viele Mädchen minderwertig oder sind von Selbstzweifeln geplagt. Auf der anderen Seite entdecken sie ihre Weiblichkeit und präsentieren ihre körperlichen Vorzüge. Sie ziehen sich weiblicher an und definieren sich immer mehr mit ihrem Frausein.

→ Die körperliche Entwicklung Ihrer Tochter wird sich von der anderer Mädchen unterscheiden. Die Reifezeichen können zeitlich sehr unterschiedlich ausfallen. Sie wird eine andere Figur wie ihre Freundinnen haben und ihr weiblicher

Körper kann sie stolz machen oder verwirrend für sie sein. Nicht jedes Mädchen fühlt sich wohl in ihrem neuen Körper. Während sich einige Mädchen gerne figurbetont anziehen, kann es sein, dass Ihre Tochter dagegen lieber ganz weite Kleidung bevorzugt, um ihre weiblichen Formen zu verstecken. Haben Sie als Eltern Verständnis dafür. Denn Mitschüler und Freundinnen beeinflussen das Selbstbewusstsein Ihrer Tochter. Der Vergleich unter den Gleichaltrigen ist nicht immer leicht für die Pubertierenden.

Körperkult bei pubertierenden Mädchen

Mädchen gehen in der Pubertät sehr direkt mit ihren körperlichen Veränderungen um. Sie heben diese möglichst positiv hervor. Im weitesten Sinne betreiben sie eine Art von Körperkult. Daher haben sie in dieser Phase ein sehr starkes Interesse für Kosmetik, Mode und Aussehen. Auch vergleichen sich Mädchen gerne mit anderen Gleichaltrigen. Das ist ein absolut typisches Verhalten. Sie tun das, um bei sich selbst festzustellen, welche Vorzüge sie gegenüber anderen Mädchen haben. Durch diese starke Konzentration auf den Körper zeigen die pubertierenden Mädchen, dass sie nicht mehr als Kind, sondern als Frau wahrgenommen werden wollen. Oft wird sich an Stars und Promis wie bekannten Sängerinnen und anderen weiblichen Idolen orientiert. Aber auch die eigene Mädchengruppe ist in der Pubertät von großer Wichtigkeit. Um als vollwertiges Gruppenmitglied in der Clique akzeptiert zu werden, schaffen sich Mädchen entsprechende Statussymbole wie bestimmte Markenklamotten, Smartphones, trendige Accessoires an und geben sich bewusst cool. Die Coolness überspielt oft Ängste und Gefühle, nicht anerkannt oder genug respektiert zu werden. Sie wollen sich anderen überlegen fühlen, und dafür überspielen sie Hemmungen. Allerdings sind auch Provokationen gegenüber den Eltern in dieser Zeit ein Zeichen dafür, dass sich Mädchen nach Anerkennung sehnen.

Ist die Pubertät schon etwas weiter fortgeschritten, kommt bei Mädchen verstärkt der Wunsch nach Freiheit und Unabhängigkeit zum Tragen. Alkoholkonsum, Zigarettenrauchen und andere Dinge, die Eltern eigentlich verbieten, symbolisieren für sie Freiheit und Unabhängigkeit.

→ Die sexuelle Entwicklung ist bei Mädchen relativ ähnlich: Viele haben zwar schon in frühen Jahren der Pubertät ein Interesse am anderen / gleichen Geschlecht. Doch die Angst vor Ablehnung und die eigene Unsicherheit können dazu führen, dass Jungs erst einmal abwertend behandelt werden. Nur wenige Mädchen sind mit zwölf oder 13 Jahren selbstbewusst und entwickelt genug, um Sex haben zu wollen. Den ersten Sex erleben die meisten Mädchen erst viel später.

Körperprobleme, die bei Mädchen auftauchen können – und wie Sie helfen können

Viele Eltern wissen nicht, wie sie ihren Töchtern in der Pubertät helfen können. Oft leiden diese unter starken negativen Gefühlen und schweren Gedanken, die sie selbst und ihren Körper betreffen. Psychologen bezeichnen das als Teenagerblues. Ihre Tochter ist also nicht die Einzige, die unzufrieden mit ihrem Körper ist. Viele Mädchen leider zudem unter heftiger Traurigkeit, ohne dass sie diese mit etwas Konkretem verbinden können. Diese „grundlose" Traurigkeit und körperlichen Selbstzweifel sind von Eltern meistens nicht nachvollziehbar. Dabei sind Erwachsene (und die Medien) zu einem erheblichen Teil für die starken negativen Gefühle des Mädchens verantwortlich. Mit ihrem Verhalten tragen sie unbewusst zur Körperfixierung von Kindern bei. Egal, ob es ewige Diskussionen über die richtige Diät, der starke Fokus auf superschlanke Models, das Aufgeregtsein über überflüssige Pfunde, das Verhalten von Verkäufern, die ihre Kundinnen falsch beraten, oder die Werbebranche, die schlechtes Gewissen weckt, sind – all das führt dazu, dass sich Mädchen stärker als je zuvor mit ihrem Körper identifizieren und unter einem geringen Selbstwertgefühl leiden.

Wie können Sie Ihrer Tochter helfen? Fragen Sie sich, ob es Dinge gibt, die Ihre Tochter traurig gemacht haben (familiäre Probleme können zu einer übersteigerten Konzentration auf den eigenen Körper führen). Gibt es etwas, dass Ihre Tochter belastet? Ist sie Mobbing zum Opfer gefallen? Wer sind ihre Freundinnen und wie verhalten sich diese ihr gegenüber? Welche Einstellungen hat Ihre Tochter einfach nur übernommen und wo hat sie diese weitgehend eigenständig entwickelt? Meistens ist etwas aus dem Gleichgewicht geraten, wenn Ihre Tochter sich stärker auf ihren Körper fokussiert als das in ihrem Alter normal ist.

Zeigen Sie Ihrer Tochter ganz deutlich, dass Sie sie so akzeptieren, wie sie ist. Bestätigen und ermutigen Sie sie regelmäßig. Sie können zum Beispiel sagen: „Ich weiß, dass du so und so denkst, und es muss gerade schwer für dich sein, und ich wünschte, ich könnte dir die Situation erleichtern."

Bei den meisten Mädchen verschwinden die destruktive Selbstkritik und der überzogene Körperfokus irgendwann wieder. Bis es so weit ist, machen aber viele Mädchen – und auch Sie als Eltern – eine schwere Zeit durch. Teilen Sie Ihre eigenen Erfahrungen und zeigen Sie Feingefühl, das wird Ihrer Tochter bereits eine große Hilfe sein.

Wenn Sie aber bemerken, dass Ihre Tochter so destruktiv ist, dass sie auf Essen verzichtet oder Anzeichen von Bulimie oder Magersucht zeigt, sollten Sie unbedingt professionelle Hilfe in Anspruch nehmen. Das können Sie alleine nicht lösen. Ihre eigenen Erfahrungen und Ihr Feingefühl sind dann leider keine ausreichende Hilfe mehr.

Menstruation & Co.

Studien zeigen, dass die Menarche, wie die erste Regelblutung genannt wird, für Mädchen eine besondere Bedeutung hat. Mit der ersten Menstruation deutet sich in ihrem Leben ein Einschnitt an. Die bis dahin Halt gebenden Orientierungen lösen sich plötzlich auf. Denn die Menstruation weist auf das Ende der Kindheit hin. Gleichzeitig leitet sie eine Phase ein, in der Mädchen sich von den bisher wichtigen erwachsenen Bezugspersonen langsam lösen.

Viele Mädchen erleben das Auftreten der Menarche heute deutlich früher als ihre Mütter. Das ist für sie oft nicht so leicht zu verkraften. Schließlich geht mit der Menstruation der Verlust des kindlichen Körpergefühls verloren. Im Gegensatz zu anderen körperlichen Veränderungen in der Pubertät, ist die Periode zudem ein plötzlich eintretendes Ereignis. Und nicht alle Mädchen können auf Freundinnen und Klassenkameradinnen bauen, die ihre erste Regelblutung schon hatten. Es kann durchaus sein, dass Ihre Tochter die Menarche früher als die Mädchen in ihrem sozialen Umfeld hat. Das kann für große Verunsicherung und Scham sorgen. Die Gefühle schlagen dann Purzelbaum. Aus diesem Grund ist es für Sie als Eltern wichtig, Ihre Tochter frühzeitig auf diesen Moment vorzubereiten und sie durch diese Zeit zu begleiten.

→ Viele Mädchen bekommen heute schon sehr früh ihre Menstruation, bereits um das elfte bis zwölfte Lebensjahr herum.

→ Es fällt vielen nicht leicht, damit umzugehen. Häufig kommen dann Aussagen wie: *„Mit elf Jahren bin ich viel zu früh dran. Wenn mich jemand in der Schule fragt, ob ich schon meine Regel habe, dann lüge ich."*

→ Möglicherweise gehört Ihre Tochter aber zu den Spätentwicklerinnen. Denn auch erst mit 16 Jahren die erste Regelblutung zu bekommen, ist normal.

Bereiten Sie Ihre Tochter vor!

Etwa mit zehn Jahren, wenn bei den Mädchen erste äußerliche Veränderungen anstehen, produziert der Körper vermehrt Östrogen und Progesteron. Die Geschlechtsreife beginnt. Jetzt ist es nur noch eine Frage der Zeit, bis die Menstruation bei Ihrer Tochter eintritt. Und wenn Ihre Tochter nicht zu den Spätentwicklerinnen gehört, wird sie nicht unbedingt sehnsüchtig auf die Menarche warten, sondern eher überfordert damit sein. Eine gute Vorbereitung hilft Ihrer Tochter!

Denken Sie mal nach, wie das bei Ihnen war. Wurden Sie ausreichend von Ihrer Mutter aufgeklärt? Oder wurde das Thema Menstruation tabuisiert oder als etwas Unhygienisches dargestellt? Machen Sie sich auch bewusst, dass Mädchen früher ihre Menarche erst mit 15 oder 16 Jahren bekamen und reifer waren. Damals war es zudem normal, dass auf die erste Regelblutung nicht vorbereitet wurde. Eltern sprachen lieber eine Warnung aus, als aufzuklären. Vielleicht haben auch Sie von Ihren Eltern den Satz bei der ersten Regelblutung gehört: „Komm uns bloß nicht mit einem Bengel nach Hause!" Dieser war sicherlich nicht sehr hilfreich.

Erst in den letzten Jahrzehnten wird sehr offen über Sexualität und damit über die Menarche gesprochen. Frauen machen die Menstruation zum Thema und erleben sie endlich als etwas Positives. Dennoch empfinden weiterhin viele junge Mädchen die erste Regelblutung nicht als etwas Natürliches. Umfragen zeigen, dass lediglich 30 Prozent der Mädchen in der Pubertät die Menarche als etwas Positives betrachten. Die meisten haben das Gefühl, zu wenig darüber zu wissen. Und schlimmer noch: Manche Mädchen empfinden die Periode als eine immer wiederkehrende Krankheit. Hier sollte also deutlich besser aufgeklärt werden. Um zu verhindern, dass Ihre Tochter überfordert ist mit dem, was ihr geschieht, sind offene Gespräche und das Teilen von Erfahrungen notwendig.

Es ist ein Trugschluss, zu glauben, dass Mädchen heute aufgeklärter sind als früher. Auch wenn diese freier aufwachsen, haben Sie als Mutter und Vater weiterhin eine wichtige Vorbildfunktion zu erfüllen. Dazu gehört es, offen über die Veränderungen, die durch die Menstruation entstehen, zu sprechen. Das mag Sie vielleicht in ein Dilemma bringen. Denn gerade in der Anfangszeit der Pubertät suchen viele Mädchen Halt und Geborgenheit, grenzen sich aber auch genauso gerne in ruppigem Ton ab. Die richtigen Worte für diese Art von Gesprächen zu finden, ist nicht immer einfach.

Erste Anzeichen für eine baldige Menarche: Weißfluss in der Unterhose

Vor der Menarche bekommen die meisten Mädchen einen sogenannten Weißfluss. Er ist ein Anzeichen dafür, dass die erste Regelblutung kurz bevorsteht. Viele Mädchen, aber auch Mütter, kennen diesen Zusammenhang nicht. Sie glauben, dass der Ausfluss eine Krankheit oder Infektion ist. Zumal der Weißfluss eine gelbliche oder cremig-glasige Farbe haben kann. Doch solange dieser nicht riecht, ist alles in Ordnung. Sobald der Ausfluss auftaucht, dauert es in der Regel nur noch ein paar Wochen, maximal ein bis zwei Monate, bis Ihre Tochter die Periode bekommt. Jetzt ist es an der Zeit, ausführlich über die Regelblutung zu sprechen und Ihre Tochter darauf vorzubereiten. Zum Beispiel, indem Sie über Tampons und Slipeinlagen sprechen und ihr die Funktion und Anwendung erklären. Außerdem sollte ab diesem Zeitpunkt im Rucksack/Schulranzen der Tochter eine kleine Kosmetiktasche mit Binden eingepackt werden. Dann hat sie Hilfsmittel zur Hand, wenn die Regel unerwartet auftaucht. Oft setzt die erste Menstruation nämlich ein, wenn das Mädchen in der Schule ist.

Zyklusschwankungen sind normal

Es ist völlig normal, dass sich der Zyklus erst einpendeln muss. In den ersten Monaten, manchmal sogar Jahren, kann die Periode recht unregelmäßig kommen. Das sollte Ihre Tochter nicht beunruhigen. Auch stärkere Unterleibsschmerzen sind in der ersten Zeit oft ein Symptom. Informieren Sie sich als Eltern über gute Methoden, um Symptome der Menstruation zu lindern.

Binde, Tampon oder Cup – was eignet sich für meine Tochter?

Sprechen Sie mit Ihrer Tochter schon vor der Periode über Binden, Tampons und Co. Was sich am besten für sie eignet, sollte Ihre Tochter selbst entscheiden können. Sie können sie aber dabei beraten. Grundsätzlich ist eine Binde am Anfang eine gute Lösung. Will Ihre Tochter Tampons verwenden, sollte sie zuerst mit den kleineren Tampongrößen beginnen. Eine Menstruationstasse, die klimafreundlich und ökologisch ist, erfordert Geschick. Sie ist am Anfang weniger geeignet. Lassen Sie Ihre Tochter dennoch verschiedene Hilfsmittel – auch in Kombination – ausprobieren. Sollten Sie großen Wert auf Nachhaltigkeit legen, könnte die Menstruationsunterwäsche für Ihre Tochter das Richtige sein. Da kann schließlich nichts auslaufen. Sie hält zudem länger als eine herkömmliche Binde. An den starken Tagen muss sie nur ein- bis zweimal am Tag gewechselt werden.

In jedem Fall sollten Sie Ihrer Tochter erklären, dass es normal ist, dass während der ersten Perioden etwas Blut daneben geht. Das passiert jedem Mädchen und auch jeder Frau einmal. Sollte mal ein Blutfleck in der Unterhose sein, dann lässt sich dieser mit Wasser auswaschen und im Anschluss in der Waschmaschine säubern.

Wie als Eltern mit Begleiterscheinungen umgehen?

Wenn die Tochter ihre Menstruation bekommt, kann es durch die Hormonumstellung während oder kurz vor der Menstruation schwierig sein, mit ihr umzugehen. Sie ist womöglich gereizt, hat Stimmungsschwankungen, fühlt sich abgeschlagen, depressiv oder launisch. Bei vielen Mädchen kommen zudem körperliche Symptome wie Bauchschmerzen, Rückenschmerzen, Brustziehen, Kopfschmerzen oder Übelkeit hinzu. Auch hier steht es außer Frage, Verständnis zu zeigen. Wenn Ihre Tochter sehr starke Monatsblutungen hat, sollten Sie sie vom Sport- oder Schwimmunterricht entschuldigen. Aber ein normaler Schulunterricht sollte möglich sein. Im Fall, dass sie zu starke Beschwerden hat, ist ein Besuch beim Frauenarzt sinnvoll.

→ Stimmungsschwankungen, Aggressionen, Wut, Traurigkeit oder Depressionen – das betrifft viele Mädchen vor und während der Menstruation. Nehmen Sie Rücksicht und versuchen Sie, nicht auf Provokationen einzugehen. Gemeinsame Mutter-Tochter-Unternehmungen können in dieser Phase die Stimmung verbessern. Und Bewegung sowie leichter Sport an der frischen Luft lindern Menstruationsbeschwerden.

Intimpflege ab sofort wichtig!

Wenn Ihre Tochter ihre Menstruation bekommen hat, ist der Zeitpunkt gekommen, sie über Intimpflege aufzuklären. Das können Sie ihr natürlich schon vorher zeigen. Aber spätestens ab diesem Zeitpunkt sollten Mädchen sich nicht mehr das Scheideninnere waschen, sondern nur die äußeren Geschlechtsorgane und die Pospalte reinigen. Dazu dürfen die Vulvalippen behutsam gespreizt werden. Wichtig ist, die Vulva nur mit warmem Wasser und einer milden Seife zu waschen. Da das Scheideninnere für Keime und Bakterien empfindlich ist, sollte die Tochter bei der Intimpflege eher zurückhaltend sein. Achten Sie darauf, dass sie dafür keine parfümierten Seifen nutzt. Das kann die Scheidenflora zerstören und zu Entzündungen oder Ausflüssen führen. Ideal sind Waschlotionen auf Milchsäurebasis.

Befragt man junge Mädchen, die recht früh im Alter ihre Menstruation bekommen haben, berichten diese, dass es recht unangenehm für sie war. Auch beklagen viele Mädchen im Nachhinein, dass ihre Mütter ihnen zu wenig darüber erzählt hätten. Aufgeklärt haben sie sich oft mit der Bravo. Doch die Theorie ist weit von der Realität entfernt. Machen Sie sich als Eltern bewusst, dass Ihre Tochter zwar im Kopf weiß, was passiert, möglicherweise dennoch die Menstruation als etwas total Fremdes ansieht!

Frauenarzt muss nicht gleich sein

Mit Beginn der Regelblutung gehen viele Mütter mit ihren Töchtern direkt zum Frauenarzt oder der Frauenärztin. Sie tun das, weil sie glauben, dass dies zur Kontrolle notwendig sei. Doch die gynäkologische Untersuchung kann Mädchen stark belasten. Vor allem, wenn sie noch sehr jung sind. Der Gang zum Frauenarzt macht Angst, verunsichert und steht dem eigenen, kindlichen Gefühl für den Körper entgegen. Notwendig ist der Weg zur Gynäkologin im Kindesalter also nicht. Auch die regelmäßige Kontrolluntersuchung muss bei jungen Mädchen noch nicht erfolgen. Erst, wenn diese älter geworden sind, regelmäßig Sex haben oder sich über Verhütung informieren wollen, ist ein regelmäßiger Besuch bei einem Gynäkologen oder einer Gynäkologin ratsam. Ansonsten müssen Mädchen im Alter von elf oder zwölf Jahren nur zum Frauenarzt oder zur Frauenärztin gehen, wenn sie gesundheitliche Probleme wie starke Unterleibsschmerzen, farbigen und unangenehm riechenden Ausfluss haben oder die Scheide brennt und juckt.

Beachten Sie: Ist Ihre Tochter bereits in dem Alter, um sich über Verhütungsmöglichkeiten zu informieren, sollten Sie hier aufpassen. Viele Frauenärzte verschreiben weiterhin allzu gerne die Antibaby-Pille. Diese wird häufig verschrieben, wenn

Mädchen unter starken Regelschmerzen leiden. Doch die Pille ist ein Medikament, das mit gesundheitlichen Risiken verbunden ist. Und sie alleine schützt nicht vor sexuell übertragbaren Krankheiten. Zwar kann sie den Zyklus regulieren und Regelschmerzen lindern, doch sollten Sie Ihre Tochter dazu ermutigen, zuerst ihren Körper und die zyklischen Veränderungen kennenzulernen. Das raten übrigens viele Beratungsstellen unterschiedlicher Träger. Ausgewählte gynäkologische Praxen denken mittlerweile ebenso darüber. Wenn starke Menstruationsbeschwerden vorliegen, gibt es definitiv andere Möglichkeiten als die Pille. Fördern Sie die Eigenverantwortung und zeigen Sie Ihrer Tochter die Alternativen wie Kräutertees, Schmerztabletten, Wärmflasche und Bewegung auf.

Den Zeitpunkt des ersten Frauenarztbesuches sollte Ihre Tochter selbst bestimmen dürfen. Die Auswahl des/der Arztes/Ärztin sollte ebenfalls von ihr getroffen werden. Denn Vertrauen und Sympathie sind ganz wichtig, damit Ihre Tochter nicht traumatisiert wird. Sie wissen ja selbst, wie unangenehm die Kontrolluntersuchung sein kann. Wenn Sie merken, dass Ihre Tochter Angst vor einer gynäkologischen Untersuchung hat, informieren Sie sich bei einer Beratungsstelle, wo es in Ihrer Nähe Untersuchungszimmer zur Aufklärung gibt. Dort können sich Mädchen im Vorfeld alles in Ruhe ansehen und erklären lassen und sogar probehalber auf einem Untersuchungsstuhl Platz nehmen.

Welche Mittel der Aufklärung zum Thema Menstruation gibt es?

Als Mutter dürfen Sie sich bewusst machen, dass Sie Ihre Tochter in dieser Thematik problemlos aufklären können. Denn auch Sie haben oder hatten die Menstruation. Sie wissen also ganz genau, wovon Sie reden. Wenn Sie damit offen umgehen, ist das schon ein sehr guter Einstieg in das Thema. Platzieren Sie zudem Tampons, Binden oder Slipeinlagen sichtbar im Badezimmer. Das weckt die kindliche Neugier.

Ein weiterer Vorteil ist, dass Sie wissen, wie Ihre Tochter tickt. Vielleicht gehört sie zu den Mädchen, die lieber über die Menstruation lesen wollen, statt darüber zu sprechen. Grundsätzlich können Zusatzinformationen wie Videos, Bücher, Broschüren, Hörspiele, Podcasts oder Sendungen im Fernsehen nicht schaden. Gutes Lehrmaterial bekommen Sie zudem bei Beratungsstellen und Ärzten. Gerade für Väter ist dies hilfreich, wenn sie der Tochter die Menstruation erklären müssen.

Wenn Ihre Tochter dann im Begriff ist, die Menstruation zu bekommen, oder sie schon hat, tut es gut, ihr ein ehrliches Kompliment über das veränderte Aussehen zu machen. Sie können Ihre Tochter ermuntern, Ihr etwas Gutes tun, sie beim Shoppen von BHs begleiten und einen schönen BH spendieren. Vermeiden Sie dagegen kritische Bemerkungen, Kommentare und Vorträge über den Körper. Würdigen Sie die Menarche Ihrer Tochter stattdessen mit einem kleinen Geschenk. Das zeigt ihr, dass es sich um ein positives Ereignis handelt, worüber sie sich freuen darf. Sie ist auf dem Weg, eine Frau zu werden. Ihre Tochter kann auf die Periode stolz sein!

Wichtig ist zudem, dass der Vater die Tochter einfühlsam unterstützt. Seine Reaktion sollte verständnisvoll sein, wenn diese Regelschmerzen hat oder sich gerade in einem Stimmungstief befindet. Kommentare wie „Ach, hast du wohl mal wieder deine Tage" oder „Ist ja klar, dass du so gereizt bist, wenn du die Tage hast" tun ihr nichts Gutes. Im Gegenteil, sie geben Ihrer Tochter das Gefühl, dass sie nervt, nicht liebenswert ist oder sich die Schmerzen nur einbildet. Und das alles nur, weil sie die Menstruation hat.

Ebenfalls sollte der Tochter klar sein, dass die Menstruation kein Hygieneproblem ist. Die monatliche Blutung ist nichts Schmutziges oder Unreines! Sie ist ein natürlicher Prozess des weiblichen Körpers, der jeden Monat aufs Neue auf eine mögliche Schwangerschaft vorbereitet. Die Menstruation zeigt also, dass alles in Ordnung ist.

TIPP: Machen Sie Ihrer Tochter den Vorschlag, ein sogenanntes Regeltagebuch zu schreiben. Dort kann sie festhalten, wann sie ihre letzte Periode hatte, wie lange diese ging, welche Beschwerden sie hatte und was ihr Linderung verschaffte. Das Ganze dient dazu, dass Ihre Tochter ein besseres Körperbewusstsein entwickelt. Auch kann sie ihre Gefühle und Stimmungen festhalten, die sie während der Menstruation hatte, oder freudige Dinge, die ihr in dieser Zeit passiert sind, eintragen.

Bücher und Materialien für Mädchen zum Thema Menstruation:

- **www.ready-for-red.at/start/:** Die digitale Lernplattform READY FOR RED vermittelt Mädchen und Jungen zwischen 10 und 16 Jahren alle wichtigen Fakten zum Thema Menstruation, Zyklus und Monatshygiene. In vier Levels und mehr als 70 interaktiven Spielen, Videos und Übungen erfahren Jugendliche alles Notwendige, was es über diese wichtigen Themen zu wissen gilt.

- **www.loveline.de:** Diese Website der Bundeszentrale für gesundheitliche Aufklärung ist für Jugendliche gemacht, die mehr über die Themen Liebe, Freundschaft, Sexualität, Verhütung, Körper und Geschlecht wissen möchten. Dafür gibt es ein Lexikon, Antworten zu vielen Fragen, interaktive Angebote und Adressen von Beratungsstellen.

- **Period Positivity: Endlich Schluss mit den Tabus! Hier erfährst du alles über Menstruation, Zyklus und Co., von**

Chella Quint (Herausgeber: Dorling Kindersley Verlag):
Dieses Buch beantwortet auf unterhaltsame und ansprechende Weise viele Fragen rund um die Menstruation, räumt mit Mythen und Tabus auf, zeigt, wie positiv die Regel ist und informiert über Binden & Co. Das Buch ist mit vielen schönen Illustrationen und Grafiken ausgestattet und eignet sich für Mädchen ab einem Lesealter von ungefähr zwölf Jahren.

- **Ebbe & Blut: Alles über die Gezeiten des weiblichen Zyklus von Eva Wünsch und Luisa Stömer (Herausgeber: Gräfe und Unzer):** Ebenfalls mit Illustrationen ausgestattet, erklären die beiden Autorinnen dieses modernen Aufklärungsbuches den weiblichen Zyklus mit viel Fachwissen und ohne Tabus. Lesealter: Für Mädchen im Teenageralter, aber auch für Mütter geeignet.

- **Mit meiner Tochter durch die Pubertät: Wie du sie unterstützt, wie du loslässt, wie ihr in Kontakt bleibt, von Dr. med. Judith Bidlau (Herausgeber: Humboldt Verlag):** Praktische Tipps, kluge Strategien, nützliche medizinische Infos zum Thema Menstruation und wie Sie als Mutter/Eltern Ihre Tochter durch diese Zeit begleiten können. Die Autorin ist eine bekannte Frauenärztin, die zudem auf dem erfolgreichen Onlinemagazin MutterKutter Eltern seit vielen Jahren mit nützlichen Tipps versorgt.

- **Vom Mädchen zur Frau – Ein märchenhaftes Bilderbuch für alle Mädchen, die ihren Körper neu entdecken, von Nicole Schäufler (Herausgeber: Edition riedenburg):** Ideales Einsteigerbuch für Mädchen in der Vorpubertät. Es nimmt Mädchen mit auf eine märchenhafte Reise durch den Körper und erzählt in 24 Bildern, was in der Pubertät alles Positive auf sie zukommt.

Veränderungen bei Jungen in der Pubertät

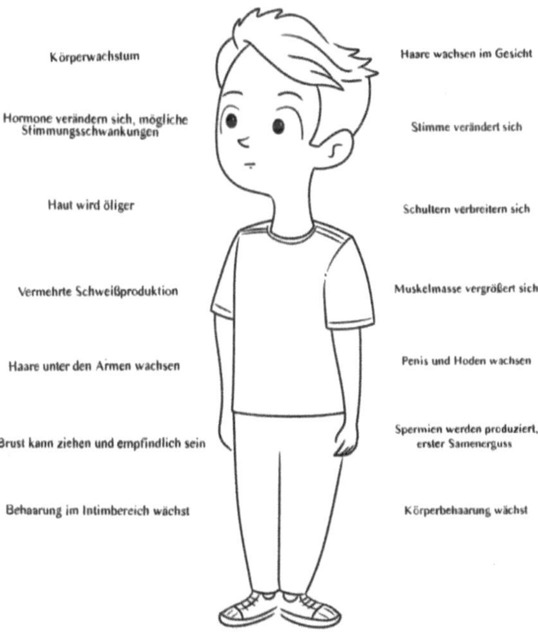

Jungs entwickeln sich langsamer und oft auch später als Mädchen. Bei den meisten Jungen setzen körperliche Veränderungen erst in einem Alter von 11 oder 12 Jahren ein. Allerdings können erste Anzeichen ab dem neunten oder zehnten Lebensjahr spürbar werden. Denn anders als bei Mädchen ist das erste Anzeichen der Pubertät bei Jungs ihr Verhalten. Dieses verändert sich aufgrund der Hormonproduktion meistens über Nacht. Plötzlich wird der liebe Sohn zu einem widerspenstigen, trotzigen, rebellischen und lustlosen Jungen. Er beginnt, sich mit den Eltern zu messen, Grenzen auszutesten und Regeln zu hinterfragen. Auch wird er bereits mit zehn oder elf Jahren Privatsphäre einfordern und mehr Eigenverantwortlichkeit haben wollen. Diese erste Phase der Pubertät stellt viele Eltern auf eine harte Probe. Denn Jungen sind in diesem Alter oft sehr unausgeglichen. Was auch mit den

Schlafproblemen zu tun hat, die durch die Hormonumstellung entstehen können.

Die körperlichen Veränderungen fangen bei Jungen erst etwas später an: Hier verändert sich durch die vermehrte Hormonproduktion zuerst die Größe und Farbe des Hodensacks. Etwas später beginnt der Penis zu wachsen. Bei einigen Jungs fängt das Peniswachstum aber erst in späteren Jahren der Pubertät an. Was die Körperbehaarung betrifft, so macht sich diese schon in der ersten Phase der Pubertät bemerkbar. Erste Haare wachsen im Schambereich und an den Armen und Beinen. Bart- und Achselhaare sprießen bei Jungs später in der Pubertät. Wann der erste Samenerguss auftritt, ist von Junge zu Junge unterschiedlich. Bei einigen kommt es schon mit elf Jahren zur ersten Ejakulation, bei anderen Jungen erst mit 14 oder 15 Jahren. Meistens passiert diese nachts. Daher stammt auch die Bezeichnung „Feuchter Traum".

Ein Wachstumsschub tritt bei Jungen in der Regel zwischen dem 12. und 14. Lebensjahr ein. Dieser ist so stark, dass viele bis zu zehn Zentimeter pro Jahr wachsen. Allerdings vollzieht sich das Wachstum bei Jungen nicht gleichmäßig. So können Füße, Hände, Arme oder Beine früher wachsen als der Rest des Körpers. Deshalb sind viele Jungs zwischenzeitlich so schlaksig und ihre Bewegungen unbeholfen. Dieser Zustand geht aber relativ rasch wieder vorbei. In der Zeit des großen Wachstums fangen übrigens auch die Muskeln an, sich zu entwickeln. Deshalb haben Jungs in der Pubertät oft ein starkes Bedürfnis danach, sich zu bewegen und körperlich auszutoben.

Die vermehrte Hormonproduktion sorgt nicht nur für ein enormes Körperwachstum. Auch die Schweißproduktion nimmt zu. Der Körpergeruch ist während der Pubertät zum Teil extrem. Die Haare werden fettig, der Körper riecht unangenehm. Und zu allem Überdruss tauchen Pickel und Mitesser im Gesicht auf. Viele Jungen sind sogar von starker Akne geplagt. Denn die

Hormonproduktion läuft zu manchen Zeiten aus dem Ruder und provoziert die Talgdrüsen, viel Talg zu produzieren. Dieser verstopft die Hautporen. Lästige Pickel entstehen.

→ Das Problem mit Pickeln und Akne kann sich über viele Jahre hinziehen. Viele Jungen haben schwer mit ihr zu kämpfen. Wenn sie unbehandelt bleibt, kann sie im schlimmsten Fall unschöne Narben im Gesicht hinterlassen. Sie kann für Ihren Sohn zu einer richtigen Herausforderung werden. Mädchen leiden zwar auch unter Akne, aber nicht so stark wie Jungen.

Eine weitere wichtige Veränderung, die wiederum positiv ist, ist der Stimmbruch. Dieser tritt bei Jungen in der Regel zwischen dem 12. und 13. Lebensjahr ein. Er dauert etwa ein halbes Jahr. Danach haben Jungen eine erwachsene, tief klingende, männliche Stimme. Das provoziert auch oft ein Macho-Gehabe. Denn plötzlich wird den Jungen bewusst, dass sie zum Mann werden. Ihr Hang zum Risiko nimmt zu. Es ist eine Phase, in der sich Jungen ständig beweisen müssen und Wettbewerbe oder Machtkämpfe anstreben, um ihre Männlichkeit darzustellen.

Zwischen 16 und 18 Jahren haben sich die Muskeln bei Jungen voll ausgeprägt. Sie haben nun ein breiteres Kreuz und eine männliche Figur. Die Körperproportionen sind endlich harmonisch. Und der Bartwuchs entfaltet sich ebenfalls zu voller Blüte. Bei vielen Jungen hat der Penis ebenfalls bis zum 18. Lebensjahr seine volle Größe erreicht. Mit ungefähr 18 Jahren sind die Schweißdrüsen voll ausgebildet. Die Schweißproduktion normalisiert sich!

• Die Hormonumstellung macht sich bei einigen Jungen sehr schnell körperlich bemerkbar. Bei manchen geschieht die Veränderung scheinbar über Nacht. Bei anderen vollzieht sie sich langsamer. Körperliches Wachstum und Entwicklung sind bei jedem Jungen anders.

Psyche und Verhaltensweisen bei Jungen in der Pubertät

Jungs sind während der ganzen Pubertät über oft sehr sensibel, was Geräusche, Gerüche oder Berührungen angeht. Zu Beginn fühlen sie sich aber vor allem unsicher. Die körperlichen und psychischen Veränderungen überrumpeln sie praktisch. Viele Jungen wissen zuerst nicht so recht, wie sie damit umgehen sollen. Das Schamgefühl erhöht sich dadurch. Plötzlich möchte sich Ihr Sohn nicht mehr nackt vor Ihnen zeigen. Auch Selbstzweifel und Wutausbrüche sind in dieser Phase nicht selten. Viele Eltern erkennen Ihren Sohn sprichwörtlich nicht wieder. Denn neben der Wut bekommen Jungen auch allzu gerne Allmachts- und Größenfantasien. Sie glauben, sie sind unbesiegbar, und demonstrieren das gerne deutlich nach außen hin. Machtdemonstrationen und Macho-Gehabe gehen damit einher.

Aber nicht nur zu Hause, auch in der Schule und bei Freunden wird Ihr Sohn anfangen, seine Kräfte zu messen. Es ist nicht unüblich, dass Jungs in der Pubertät miteinander kämpfen, raufen und untereinander rivalisieren. Oft messen sie sich in spielerischen und sportlichen Wettkämpfen. Sport ist sowieso für Jungen in der Pubertät enorm wichtig. Denn dieser gibt ihnen die Möglichkeit, den eigenen Körper zu spüren und ein gesundes Körpergefühl zu entwickeln.

Erfolge in der Schule oder bei Wettkämpfen werden von Jungs in der Pubertät gerne lange und intensiv ausgekostet. Sie feiern sich und ihre Überlegenheit gegenüber anderen. Für sie sind das Zeichen von Stärke. Auch hier sind Eltern, vor allem der Vater als Erzieher gefragt. Denn Schwäche ist im allgemeinen Männerbild noch immer nicht akzeptiert. Vielen Jungen fällt es deshalb schwer, mit Niederlagen umzugehen. Sie sind dann häufig von Ängsten geplagt und glauben, schwach zu sein. Machen Sie Ihrem Sohn bewusst, dass Niederlagen und Schwächen zum Mannsein und Menschsein dazugehören.

Das zu vermitteln, ist nicht immer leicht. Denn Überlegenheit und Männlichkeit werden außerhalb des Zuhauses in den Cliquen gelebt. Jungs drücken dies gerne mit Statussymbolen aus. Was früher das eigene Mofa oder der Roller war, ist heute bei Ihrem Sohn die Kleidung von bekannten Marken und tolle Accessoires wie Smartphone, Tablet, Apple Watch usw. Geld spielt in diesem Zusammenhang zunehmend eine wichtige Rolle. Je mehr angesagte Statussymbole, desto überlegener wird sich gefühlt. Natürlich muss das der Geldbeutel der Eltern aushalten. Überlegen Sie deshalb genau, bis zu welchem Grad Sie Statussymbole zulassen und ob Sie wirklich alles kaufen müssen, was Ihr Sohn verlangt.

→ Die Pubertät ist bei Jungen also stark durch Eigenschaften wie Macht, Überlegenheit und Akzeptanz geprägt. Das zeigt sich zu Hause wie in den Gruppen, in denen Ihr Sohn verkehrt. Wenn es Ihr Sohn sogar schafft, innerhalb seiner Gruppe zum Anführer zu werden, fühlt er sich noch stärker und überlegener.

Was die Gefühle angeht, versuchen Jungs, diese in der Pubertät zu kontrollieren. Besonders vor Mädchen und den Eltern. So können sie Versagensängste überspielen, die sie auf keinen Fall zeigen wollen. Sie machen oft den Eindruck, in jeder Situation erhaben und cool zu sein. Die Rolle des Vaters oder eines anderen Vorbilds wird ganz genau unter die Lupe genommen und oft nachgeahmt. Mitunter geben Jungen in der Pubertät Eigenschaften und Kompetenzen gegenüber anderen vor, die sie noch gar nicht besitzen. Wie bei Mädchen suchen sie damit nach Anerkennung und Respekt.

Was die Frustrationstoleranz anbelangt, sinkt diese in der Pubertät zum Teil gewaltig. Teilweise stellt sich aggressives Verhalten ein. Auch das dient dazu, Hemmungen, Probleme und Unsicherheiten zu überspielen. Am Ende der Pubertät haben Jungs dann aber psychisch gesehen das Schlimmste hinter sich gelassen. Sie besitzen einen neuen Selbstwert und meistens ist die Identitätsfindung abgeschlossen. Ab und zu können sie noch über das Ziel hinausschießen und sich selbst überschätzen. Das zeigt sich vor allem durch eine übertriebene Zurschaustellung des eigenen Körpers. Denn im Teenageralter spielt auch bei Jungs das Aussehen eine große Rolle! Der männliche Körper wird durch entsprechende Kleidung und Merkmale besonders betont.

→ Jungen zeigen im Verlauf ihrer Pubertät oft viele verschiedene, zum Teil extrem widersprüchliche Verhaltensmuster. Als Eltern sollten Sie herausfinden, welche Bedürfnisse und Ängste hinter dem jeweiligen Verhalten stecken.

Samenerguss & Co.

Jungen sollten in der Pubertät genauso ausführlich aufgeklärt werden wie Mädchen. Der erste Samenerguss ist ein besonderes Ereignis, das für Jungs genauso bedeutsam ist wie für Mädchen die erste Menstruation. Doch Umfragen zeigen, dass viele Jungen wenig über die Geschlechtsreife und Ejakularche wissen. Ein wichtiger Ansprechpartner ist in diesem Zusammenhang der Vater oder eine andere männliche Vertrauensperson. Leider fürchten sich einige Väter vor dem Aufklärungsgespräch und wissen nicht genau, wie sie ihrem Nachwuchs etwas erklären sollen, sodass dieses zur scheinbar unüberwindbaren Hürde wird. Gewöhnen Sie es sich an, offen und ohne Schamgefühle über das Thema Sexualität zu sprechen. Viele Jungen interessieren sich schon im Kindesalter für den eigenen Körper und die Geschlechtsunterschiede. Hier können Sie als Eltern bereits mit der Aufklärung beginnen. Die sexuelle Entwicklung Ihres Nachwuchses startet zudem schon relativ früh. Der Körper beginnt mit zehn oder elf Jahren männliche Geschlechtshormone wie Testosteron zu produzieren. Das regt das Wachstum der Geschlechtsorgane an. Hoden vergrößern und verdunkeln sich, der Penis wird länger und dicker. Die Geschlechtsdrüsen reifen und Prostata und Bläschendrüse entwickeln sich. Das alles sind Voraussetzungen für den ersten Samenerguss. Vor allem die inneren Geschlechtsorgane spielen eine große Rolle bei der Produktion von Spermasekret.

Wenn es dann zum ersten Mal passiert, trifft es Jungen meistens unvorbereitet. Genau wie die Menarche bei Mädchen tritt der erste Samenerguss plötzlich und ganz unverhofft auf. Oft passiert er im Schlaf und wird in der Familie kaum registriert. Bei einigen Jungs tritt er bei der Selbstbefriedigung das erste Mal auf. Und auch da passiert es unvorbereitet. Zwar berühren viele Jungen schon zuvor ihren Penis und haben eine Erektion. Und sie genießen die Gefühle, die damit verbunden sind, doch der Samenerguss wird lange Zeit nicht erlebt.

Wenn plötzlich weiße, klebrige Flüssigkeit aus dem Penis kommt und Ihr Sohn nicht richtig aufgeklärt ist, wird der Samenerguss möglicherweise als etwas Beängstigendes und Unangenehmes empfunden. Viele Jungen glauben dann, dass etwas mit ihnen nicht in Ordnung ist. Da die meisten Jungen den ersten Samenerguss schon im Alter zwischen 11 und 13 Jahren erleben, und ein Teil von ihnen sogar früher, ist eine rechtzeitige Aufklärung wichtig. Es gibt zwar Jungs, die sich langsamer entwickeln – die Ejakularche tritt bei ihnen erst mit 15 oder 16 Jahren auf – doch das sind Einzelfälle.

→ Im Gegensatz zur ersten Menstruation bei Mädchen wird der erste Samenerguss oft noch tabuisiert. Deshalb sind der Vater oder andere männliche Verwandte/Freunde gefragt, mit dem Jungen von Mann zu Mann über die Veränderungen und den Samenerguss zu sprechen.

Vermitteln Sie Ihrem Sohn, dass alles in Ordnung ist. Der Vorgang eines Samenergusses ist völlig normal. Er zeigt, dass Ihr Nachwuchs nun geschlechtsreif und körperlich zeugungsfähig ist und sich sexuell entwickelt hat. Beruhigen Sie ihn, dass sich der Samenerguss nicht in der Schule im Unterricht, sondern beim

Schlafen oder der Selbstbefriedigung ereignet. Nutzen Sie als Vater Ihr Wissen und Ihre Erfahrungen. Erklären Sie ihm, was es mit dem Samenerguss auf sich hat und dass es in Ordnung ist, sich selbst zu befriedigen. Ihr Sohn lernt so seinen Körper besser kennen und fühlt sich sicherer. Wenn Sie als Eltern Offenheit zeigen, wird sich Ihr Sohn automatisch ungezwungener verhalten und sich bei Unsicherheiten und Fragen an Sie wenden. Sprechen Sie mit ihm auch unbedingt darüber, was der erste Samenerguss als Reifezeichen bedeutet: Ab jetzt kann Ihr Sohn Kinder zeugen!

- Auch wenn Jungs möglicherweise unter Freunden über Sexualität sprechen, kursieren nicht selten Unwahrheiten zu diesem Thema. Eine elterliche Aufklärung kann dadurch also nicht ersetzt werden.

Typische Unsicherheiten bei Jungen: Warum ist mein Penis noch so klein?

Viele Jungs wünschen sich, normal zu sein, sprich, sich zur gleichen Zeit wie ihre Freunde zu entwickeln. Dieser Wunsch ist stark ausgeprägt. Oft kommen in diesem Zusammenhang Fragen auf, die verunsichern. Ein 13-Jähriger, der noch keinen Samenerguss erlebt hat, mag sich bereits als Spätzünder empfinden und womöglich unwohl fühlen. Auch, wenn der Penis langsamer wächst als bei den anderen, kommen bei vielen Jungs unangenehme Gefühle auf. Denn sie vergleichen sich oft kritisch mit anderen. Und Hänseln kommt bei gleichaltrigen Jungen häufig vor. Wenn Ihr Sohn sich also erst später in der Pubertät entwickelt als die anderen, kann das für ihn schwierig sein.

- Da es sich kaum vermeiden lässt, dass Jungs sich miteinander vergleichen, sollten Sie als Eltern über das Aussehen der Geschlechtsorgane sprechen. Jeder Penis ist anders und einzigartig. Jede Penisgröße unterschiedlich. Es gibt Männer, bei denen ein Hoden tiefer hängt als der andere, oder Männer mit einem kleinen oder großen Hodensack. Das ist alles völlig normal. Erklären Sie Ihrem Sohn, dass die Größe seines

Penis seine sexuelle Funktion nicht beeinträchtigt und es nicht auf die Größe ankommt.

- Thema Bart: Bei manchen Jungen sprießen die ersten Barthaare schon früh und dicht. Andere Jungs haben fast gar keine Haare im Gesicht. Ob der Bart kräftig oder eher spärlich wächst, hängt von den Erbanlagen ab. Machen Sie Ihrem Sohn klar, dass dies nichts mit „Männlichkeit" zu tun hat.

Ein weiteres Thema, dass Jungen in der Pubertät verunsichert, ist die Erektion, die auch ohne Samenerguss vorkommt und oft in den unpassendsten Momenten auftritt. Jungen in der Pubertät bekommen diese oft im Zusammenhang mit erotischen Gedanken, aber auch, wenn sie einem Mädchen nah sind, dass ihnen gefällt. Viele haben in dieser Zeit das Gefühl, dieses Körperteil nicht unter Kontrolle zu haben. Das kann für sie irritierend sein. Hier kann väterlicher Zuspruch helfen. Und vielleicht können Sie als Vater auch ein paar Tipps geben, wie der Sohn mit der ungewollten Erektion umgehen kann. Generell tut es Jungen in der Pubertät gut, Sachen gemeinsam mit dem Vater zu machen. Und wenn Sie als Vater Ihren Nachwuchs durch diese Zeit helfen, ihn unterstützen, ihm Unsicherheiten nehmen und darüber hinaus Anerkennung für seine Fähigkeiten und Leistungen zeigen, können Sie ihm in dieser irritierenden Zeit gut helfen. Zeigen Sie zudem möglichst viel Verständnis für seine Gefühlsschwankungen.

→ Was Ihr Sohn jetzt von Ihnen braucht, ist die Zeit für Gespräche. Hören Sie ihm zu und kritisieren Sie ihn nicht ständig. Machen Sie sich bewusst, dass das Selbstwertgefühl Ihres Sohnes sehr zerbrechlich ist. Helfen Sie ihm, seine ganz eigene Persönlichkeit und seinen eigenen Stil zu finden. Dazu braucht er Ihre Bestätigung. Das gilt auch, wenn er erste sexuelle Erfahrungen machen möchte. Lassen Sie es zu, dass er diese Erfahrungen frei und ungezwungen sammeln kann.

Die meisten Jungs befriedigen sich ab etwa dem zwölften Lebensjahr und dann mehrmals pro Woche. Einige tun es früher, andere später, einige gar nicht. Pro Ejakulation wird ungefähr ein Teelöffel Samen ausgestoßen. Dieser enthält zwischen 300 und 500 Millionen Samenzellen. Spermien, die in den Hoden verbleiben, werden abgebaut. Sie verursachen weder Stau noch Druck.

Welche Mittel der Aufklärung zum Thema Samenerguss gibt es?

Wenn Ihr Sohn seinen ersten Samenerguss hatte, dann sollten Sie sich mit ihm zusammen über seine Geschlechtsreife freuen und diese feiern. Überraschen Sie ihn vielleicht mit einem kleinen Geschenk. Vermitteln Sie ihm, dass er stolz darauf sein kann. Gleichzeitig sollte Ihr Sohn wissen, dass er jetzt verantwortungsvoll mit seiner Fruchtbarkeit umgehen muss. Dazu gehört, dass Verantwortung und Respekt für sich und andere an erster Stelle stehen.

Sollten Sie bemerken, dass er mit seiner Körperentwicklung hadert, dann muntern Sie ihn auf. Unterstützen Sie die Aufklärung mit passenden Büchern. Unterlassen Sie in jedem Fall häufige Kommentare über seine Körperveränderungen und den Samenerguss. Machen Sie auch keine kritischen Bemerkungen zu Körpergeruch, Hygiene und Essverhalten.

Bücher und Materialien zum Samenerguss

„Total normal", von Robie H. Harris und Michael Emberley (Beltz & Gelberg Verlag): Ein Buch, dass Sex einfach erklärt, für Kinder an der Grenze zur Pubertät. Was passiert beim ersten Samenerguss? Wie entsteht eigentlich ein Baby? Diese Fragen werden offen und sensibel erklärt.

Gregs Tagebuch 5, Geht's noch?, von Jeff Kinney (Bastei Lübbe Verlag): Unterhaltsames Buch, dass die Aufklärung auf humorvolle Art zum Ziel hat. Es gibt eine ganze Reihe von „Greg-Büchern". Dieses Buch ist für Jungen ab 8 Jahren geeignet.

Make Love. Ein Aufklärungsbuch, von Ann-Marlene Henning: In diesem Buch werden Themen wie Masturbation, Samenerguss, das erste Mal und Verhütung angesprochen. Es ist eher etwas für ältere Jungs.

Jungsfragen. Alles, was du über deinen Körper, Sex und Pubertät wissen musst, von Benjamin Scholz (Herausgeber: Rowohlt Taschenbuch): In diesem Buch, das von einem bekannten Autor geschrieben wurde, der auch Aufklärungsvideos auf YouTube herausbringt, geht es um alles, was Jungs in der Pubertät beschäftigt. Natürlich wird das Thema Masturbation und Samenerguss angesprochen.

Sex ist wie Brokkoli, nur anders. Ein Aufklärungsbuch für die ganze Familie, von Carsten Müller und Sarah Siegel (Edition Michael Fischer): Das Buch nimmt sich viel vor und eignet sich für Erwachsene, die mit Kindern über Sexualität sprechen wollen. Es gibt aber auch eigene Kapitel für Kinder und Jugendliche. Ein sehr empfehlenswertes Buch, auch für Jungen!

Interessante Broschüren zum Thema Sexualität bei Jungen finden sich im Internet, zum Beispiel bei der Bundeszentrale für gesundheitliche Aufklärung in Deutschland unter www.bzga.de.

https://www.feel-ok.ch/: Diese schweizerische Aufklärungsseite spricht ebenfalls viele Themen zur Sexualität in der Pubertät an.

https://www.loveline.de/themen/jungen/der-samenerguss/: Loveline ist auch für Jungen geeignet. Dort gibt es eine spezielle Sektion für Jungs, die sich mit allen möglichen Themen befassen, die mit Sex, Samenerguss, Erektionen und körperlichen Veränderungen zu tun haben.

Was passiert im Gehirn? Der Umbau bei Mädchen und Jungen!

Als Eltern sollten Sie über die Veränderungen im Gehirn Bescheid wissen, um Ihre Kinder in dieser Entwicklungsphase verstehen und ihr Verhalten nachvollziehen zu können. Wenn Ihr Sohn plötzlich total vergesslich wird oder Ihre Tochter unorganisiert und unordentlich ist, hat das wenig mit Ignoranz zu tun. Die Veränderungen im Gehirn sind schuld! Und dieses entwickelt sich in der Pubertät in einem so starken Maß, dass dies mit dem kompletten Umbau eines großen Gebäudes verglichen werden kann. Alles kommt durcheinander. Das rationale Denken geht für ein paar Jahre sprichwörtlich auf Tauchstation. Wenn der Umbau im Gehirn dann endlich abgeschlossen ist, können Sie als Eltern aufatmen. Nun haben Sie Kinder mit neuen Fähigkeiten und erweiterten Fertigkeiten.

Was aber passiert im Gehirn eines Jugendlichen genau? Die Hirnforschung der letzten Jahre hat neue, interessante Einblicke in den Gehirnumbau von Jugendlichen gewonnen. Unter anderem wurde überraschenderweise festgestellt, dass kurz vor dem Eintreten der Pubertät der präfrontale Cortex zu wachsen beginnt. Bis dato ging man davon aus, dass nur das Gehirn von Säuglingen wächst und neue neuronale Verknüpfungen und Synapsen bildet. Dass aber vor und in der Pubertät ein ebenso starkes Gehirnwachstum stattfindet, war vor ein paar Jahren nicht bekannt. Unter anderem stellte sich heraus, dass das Gehirn neue Synapsen bildet. Bei Mädchen passiert das im Alter von elf Jahren, bei Jungen im Alter von zwölf Jahren. Das Erstaunliche ist, dass sich diese neuen Synapsen aber im Laufe der Pubertät fast wieder vollständig auflösen. Verrückt, oder?

Der Umbau und das enorme Wachstum im Gehirn betreffen alle Areale, sodass es nicht verwunderlich ist, wenn Kinder in der Pubertät immer wieder unter Stimmungsschwankungen, Vergesslichkeit, Entscheidungsschwäche oder Impulsivität leiden.

Der Umbau unterteilt sich zudem in verschiedene Phasen. Zuerst entwickeln sich die Bereiche im Gehirn, die für die Wahrnehmung, Kontrolle von Bewegungen, Orientierung und Sprache zuständig sind. Impulskontrolle und Rationalität werden dabei vernachlässigt. Diese beiden Bereiche entwickeln sich erst relativ spät in der Pubertät.

Das Gehirn strukturiert sich in dieser Zeit völlig neu und bildet neue neuronale Verknüpfungen und Areale. Während der Pubertät sind die Kinder deshalb mit neuen, unvertrauten Gefühlen konfrontiert. Sie stehen unter Zugzwang, ihr Verhalten zu ändern, plötzliche Temperamentsausbrüche miteinbezogen.

Seien Sie also nachsichtig, wenn Ihr Kind während der Umbauphase nicht von A nach B denken kann. Von C ganz zu schweigen. Oft reicht für sie A schon aus! Reden Sie in dieser Phase am besten eindeutig mit Ihrem Kind. Eine beschreibende Sprache ist sinnvoll. Am besten halten Sie die Dinge möglichst einfach. Wenn Sie Ihrem Kind etwas mitteilen wollen, gliedern Sie das in Punkt A-B-C, damit Ihr Kind versteht, was verlangt wird. Und wenn es um mehr als nur eine Sache geht, schreiben Sie die einzelnen Punkte ganz einfach auf!

Grundsätzlich gilt in der Phase: Weniger ist mehr. Das heißt, als Eltern müssen Sie genau überlegen, wie Sie etwas beschreiben. Wenn Sie das Wort „aufgeräumtes Zimmer" sagen, dann ist das zu abstrakt und unbestimmt. Ihr Kind wird garantiert etwas anderes unter diesem Begriff verstehen. Schimpfen Sie deshalb nicht. Erklären Sie stattdessen, was Sie mit dem Wort „aufgeräumt" meinen: ein gemachtes Bett, die Tagesdecke liegt darauf, das Kissen ist aufgeschüttelt, Kleidung im Schrank oder im Wäschekorb, benutztes Geschirr abwaschen oder abräumen, Stifte in das Federmäppchen, Bücher in den Schulranzen usw. Es gilt also, klare und eindeutige Regeln zu schaffen. Denn Kinder können in dieser Zeit einfach nichts anderes verstehen. Dazu ist ihr Gehirn einfach nicht in der Lage, auch wenn es nach außen hin oft so erscheint.

Übrigens gilt das auch für das Verstehen von Konsequenzen. Forscher haben herausgefunden, dass es Kinder in der Pubertät nur schwer schaffen, die Konsequenzen ihres eigenen Verhaltens zu erkennen und zu bedenken. Sie meinen es nicht böse, wenn sie selbst die dritte Mahnung ignorieren oder die Dinge, die Sie ihnen sagen, vergessen. Interessanterweise wird das mangelnde Konsequenzbewusstsein mit Risikofreude ausgeglichen. Jugendliche sind wenig risikobewusst. Sie schätzen Risiko anders ein als Erwachsene. Das hat aber nichts damit zu tun, dass sie kein Verständnis für Gefahren haben. Sie bewerten nur den möglichen Gewinn höher. Sprich, in Situationen, in denen die Chance besteht, Anschiss zu bekommen, aber der Gewinn dennoch sehr hoch ist (heimlich Fernsehschauen, heimlich nachts Lesen usw.), gehen sie das Risiko ein.

Das heißt, Kinder und Jugendliche verarbeiten viele Informationen noch nicht mit rationalem Denken. Bei ihnen wird die Hirnregion (Mandelkern) aktiv, die Belohnungsanreize sowie unbewusste Schutz- oder Fluchtreaktionen hervorruft. Der Mandelkern wächst zudem noch während der Pubertät. Ein missbilligender Blick von Ihnen kann von Ihrem Kind bereits als Aggression gedeutet werden. Oder Sie werden ein wenig lauter, was zu extremen Reaktionen vonseiten Ihres Kindes führt. Tränen sitzen plötzlich locker, die Emotionen sind zum Teil heftig. Ihnen ist es natürlich nicht bewusst, dass sie dieses Problem haben. Als Eltern müssen Sie deshalb einen guten Teil des rationalen Denkens für die Kinder übernehmen. Das ist nicht immer leicht. Denn bis das Gehirn Ihres Kindes die Entwicklungen, die es in der Pubertät durchläuft, abgeschlossen hat, dauert es ein paar Jahre. In der Zwischenzeit ist ihr Kind auf einer emotionalen und irrationalen Achterbahnfahrt unterwegs, die aber zum Glück auch überraschende und freudige Momente hervorbringt. Als Eltern wissen Sie in dieser Phase oft nicht, ob das Kind als nächstes total glücklich oder tieftraurig sein wird.

TIPP: Um die Neustrukturierung im Gehirn zu unterstützen, sollten Sie Ihre Kinder nicht zu lange vor dem Bildschirm verbringen lassen. Es gibt zwar bisher nur wenige Studien, doch Experten vermuten, dass sich übermäßiger Computer-, Smartphone- und Internetkonsum negativ auf die Gehirnentwicklung, das kritische Denken, die Logik und soziale Interaktion auswirkt.

Ihre Kinder tun sich während des Gehirnumbaus schwer, ihre Gefühle und vor allem die Gefühle anderer zu verstehen. Sie können zudem schwer zwischen Ärger und Angst unterscheiden. Die Gehirnveränderungen führen auch oft zu einem zwischenzeitlichen Rückzug von den Eltern. Im Teenageralter provoziert die Gehirnveränderung dann sexuelle Lust, das Experimentieren und das Beschäftigen mit sozialen und elektronischen Medien. Das Gefühl, dazugehören zu wollen, wird ebenfalls immer drängender.

Jungen und Mädchen am Ende der Pubertät: Da geht der Weg hin!

Die Eltern verlieren am Ende der Pubertät immer mehr ihren bisher gelebten Status. Sie spielen im Leben der Kinder nun eine kleinere Rolle. Das bedeutet aber nicht, dass Eltern den Bezug zum Kind verlieren. Nur die Beziehung untereinander verändert sich. Das hat Nachteile, aber auch viele Vorteile. Jugendliche zeigen es in der Pubertät zwar nicht gerne, aber die Eltern sind für sie weiterhin sehr wichtig. Und das werden sie auch den Rest des Lebens über bleiben. Denken Sie nur an sich und Ihre Beziehung zu Ihren Eltern. Dass Sie in der Pubertät Ihrer Kinder eine untergeordnete Rolle spielen, ist also nur vorübergehend so. Die Kinder gehen in dieser Zeit auf Distanz und pochen auf ihre Privatsphäre. Es ist ein wichtiger Schritt, um später ein selbstständiges Leben führen zu können. Auch wird der Nachwuchs verstärkt eigene Meinungen haben, sich für Neues interessieren und die Welt erkunden wollen. Die Geborgenheit, die Kinder vor der Pubertät von den Eltern brauchten, bekommen sie jetzt beim Start ins Erwachsenenleben von Gleichaltrigen und dem/der Partner/in. Freunde und das Gefühl der Gruppenzugehörigkeit spielen aus diesem Grund in und am Ende der Pubertät eine sehr wichtige Rolle. Gemeinsam werden neue Sichtweisen und Gedanken entwickelt. Die Kinder fangen an, durch eine stärkere Beziehung und Orientierung zur Umwelt eigene Entscheidungen zu treffen und eine eigene Identität aufzubauen. Das soziale Netzwerk gewinnt an Wichtigkeit. Dennoch ist es notwendig, dass Jugendliche weiterhin bei den Eltern Halt finden können. Ihre Aufgabe ist deshalb das Führen und Begleiten Ihrer Kinder durch diese Endphase. Sehen Sie sich als Mentor/in, und zeigen Sie Ihren Kindern, dass Sie diese weiterhin lieben und unterstützen. Jugendliche, die ein gutes Verhältnis zu ihren Eltern haben, werden viel dafür tun, um es zu behalten. Denken Sie nur mal an sich: Irgendwo tief in Ihrem Innern sehnen Sie sich danach, stets von Ihren Eltern akzeptiert und geliebt zu werden. Und das gilt genauso für Ihre Kinder. Selbst, wenn sie das gelegentlich vor Ihnen verbergen.

Stellen Sie sich auch auf Veränderungen im Sozialverhalten ein. In der letzten Phase der Pubertät geht der Blick nach vorne, in die Zukunft. Ihre Kinder fangen an, sich über Ihre beruflichen und privaten Zukunftswünsche Gedanken zu machen. Sie entwerfen einen Lebensplan. Dieser beinhaltet womöglich das räumliche Lösen aus dem Elternhaus. Viele Jugendliche wollen in dieser Phase ausziehen, mit Freunden in einer WG wohnen, reisen, ein soziales Jahr machen oder für ein paar Monate ins Ausland gehen. Nur allzu gerne bevorzugen sie in dieser Zeit ungewöhnliche Lebensmodelle, die sie bei der Suche nach Gemeinschaft und gleichgesinnten Gesprächspartnern unterstützen. Des Weiteren fangen Ihre Kinder in der letzten Phase der Pubertät an, sich stärker für soziale und politische Themen zu interessieren. Sie treten vielleicht einem Tierschutzverein oder einer Partei bei, werden politisch aktiv, gehen auf Demos oder drücken ihre politische und soziale Orientierung auf andere Art aus. Die Meinungen zu bestimmten Themen entwickeln sich dabei unabhängig von der Meinung der Eltern. Manchmal ist diese sogar bewusst konträr gewählt. Letztendlich wünschen sich Jugendliche vor allem Freiheit und ein selbstbestimmtes Leben. Dazu müssen sie sich von den Eltern so weit wie möglich emanzipieren.

Gefühlswelt von Kindern in der Pubertät

Die Gefühlswelt von Kindern verändert sich in der Pubertät. Die Heranwachsenden entwickeln eine eigene Persönlichkeit und Identität. Autonomie und das Austesten von Grenzen sind ein Teil davon. Dass es in diesem Zusammenhang zu Konflikten mit den Eltern kommt, ist normal. Aus Sicht der Eltern stellt sich dann die Frage: Wie können sie am besten mit den Kindern umgehen, wenn diese ablehnend sind? Oder wenn sie ihre Grenzen austesten? Was können Eltern für sich selbst tun, um die sich verändernde Beziehung zu den Kindern zu akzeptieren?

Die Kinder werden erwachsen und brauchen von Ihnen ein Stück Loslassen. Und zum Loslassen gehört Gelassenheit. Nehmen Sie in dieser Phase nicht alles persönlich und fangen Sie an, die Elternuniform auszuziehen. Sie möchten ja nicht, dass das, was Sie sagen, zum einen Ohr hinein- und zum anderen Ohr wieder hinausgeht. Das wird aber passieren, wenn Sie die Mutter- oder Vaterstimme weiterhin auspacken. Diese Art der Erziehung funktioniert in der Pubertät nicht mehr. Worauf kommt es dann an?

Kinder sind in der Pubertät sehr sensibel auf die Umwelt eingestellt. Sie entwickeln sich emotional und geistig in einem so hohen Maße, dass sie die Stimmung, die im Elternhaus herrscht, und das Miteinander-Umgehen genau beobachten und bewerten. Das bedeutet nicht, dass Sie einfach nur dasitzen und nichts tun sollen. Kommunikation ist der Schlüssel: Denn viele Jugendliche klagen darüber, dass ihnen mit den Eltern kein Gespräch gelingt. Und auch viele Eltern beklagen das. Niemand fühlt sich richtig gesehen und gehört. Dabei müssen sich beide – Kinder und Eltern – verstanden fühlen. Was also hilft gegen die Mutter- und Vaterstimme und die unfruchtbaren Konfliktgespräche? Dialog ist gefragt. Ein sachlicher Dialog ist die beste Form der Kommunikation und eine Gesprächsform, die sich von klassischen Debatten, Verhandlungen und Diskussionen unterscheidet. Er setzt von Ihnen Offenheit, Engagement und Interesse voraus. Ein Beispiel: Ihr pubertierender Sohn hat das Interesse an der Schule verloren, ist lustlos, gelangweilt, missmutig und wütend. Jetzt müssen Sie als Eltern herausfinden, woran das liegt. Führen Sie ein klärendes Gespräch, das auf Dialog basiert. Versuchen Sie, wirklich zu verstehen, was der Grund ist, und ermutigen Sie Ihren Sohn dazu, es Ihnen zu erzählen.

Machen Sie ihm keine Vorwürfe. In der Regel hat es triftige Gründe, warum er keinen Bock auf die Schule hat. Das können ein Mitschüler oder das Verhalten einer Lehrkraft sein. Nach dem Dialog werden Sie als Eltern und Ihr Sohn klüger sein. Er hat erfahren, dass er auf Sie als Eltern zählen kann, und Sie haben etwas Wichtiges über das Leben Ihres Sohnes gelernt.

Emotionale Achterbahnfahrt: Lernen Sie die Persönlichkeit Ihres Kindes kennen

Im Inneren Ihrer Kinder passiert in der Pubertät unglaublich viel. Es kann sein, dass sie plötzlich nicht mehr so kontaktfreudig sind oder eine negative Grundhaltung zu sich selbst einnehmen. Andererseits entwickeln sie in der Pubertät plötzlich erstaunliche Einsichten oder überraschen kreativ. Und nicht jedes Kind kann seine Gefühle offen zeigen. Selbst, wenn Gefühle intensiv in der Pubertät wahrgenommen werden, sie gut zum Ausdruck zu bringen, ist eine Kunst! Die Innenwelt ist für Kinder oft wie eine emotionale Achterbahn und die Gefühlswelt unterliegt großen Schwankungen. Mal himmelhochjauchzend, mal zu Tode betrübt. Wenn dann Probleme in der Schule oder zu Hause auftreten, kann das auch damit zusammenhängen, dass sich Ihr Kind nicht ausreichend geliebt und akzeptiert fühlt (nicht immer nur von den Eltern, sondern auch von Freunden, Umfeld, in der Schule etc.).

Ihr Kind kann an sich zweifeln und auffällig oder rebellisch werden, um Anerkennung zu bekommen und auf sich aufmerksam zu machen. Es gibt aber auch das andere Extrem. So können sich Kinder in der Pubertät zu übergewissenhaften Kindern entwickeln, die ständig auf der Suche nach Lob sind. Vielleicht gehört Ihr Kind zu den harmoniebedürftigen Pubertierenden. Diese wirken nach außen hin oft ausgeglichen, geben gerne Liebe und wollen, dass es allen gut geht. Allerdings können sie schwer für sich und ihre Bedürfnisse einstehen. Was auch immer für Eigenschaften Ihr Kind in der Pubertät zeigt, die Gefühlswelt und Emotionen deuten jetzt darauf hin, welcher Grundpersönlichkeitstyp es ist. Ist es dominant und ein Bestimmer? Oder eher ruhig und gemütlich?

Wenn Sie die Persönlichkeit Ihres Kindes kennen, können Sie sich auf dessen Stärken konzentrieren. Und wenn Sie die Stärken Ihres Kindes wahrnehmen, können Sie diese in der Erziehung nutzen. Sie sind zudem ein wunderbares Instrument, um Ihre Erwartungen ins rechte Licht zu rücken. Denn Ihr Kind hat seine eigenen Stärken und Schwächen. Helfen Sie ihm deshalb bei der Überwindung von Schwächen. Und beobachten Sie, welche Entwicklung es gerade durchmacht.

Was tun, wenn schwieriges Verhalten die Geduld überstrapaziert?

Wie gehen Sie in diesem Zusammenhang mit der Achterbahnfahrt und dem Gefühlschaos um? Besonders, wenn Ihr Kind in der Pubertät ein schwieriges Verhalten zeigt. Verärgert auf „Ungehorsam" zu reagieren, ist meistens nicht die Lösung. Vielmehr können Sie das schwierige Verhalten als notwendige Entwicklung verstehen, um selbstständig zu werden.

Natürlich ist es nicht immer leicht, wenn Ihr Kind ein Verhalten zeigt, das Sie ärgert, aufregt oder ängstigt. Dann ist es oft schwer, zu erkennen, dass in diesem Verhalten etwas Positives liegen könnte. Möglicherweise ist es hilfreich, wenn Sie sich in diesem Zusammenhang zuerst mit Ihrer eigenen Einstellung befassen. Fragen Sie sich: Wie können Sie das negative Bild, das Sie von Ihrem Kind haben, in ein Positives verwandeln? Und wie können Sie Ihrem Kind zeigen, dass eine kleine Verhaltensänderung ebenfalls etwas Positives bewirken könnte?

Vermitteln Sie Regeln vernünftig und ohne erhobenen Zeigefinger. Verzichten Sie auf Überwachung und Strafe und achten Sie auf den Umgangston und Ihre eigenen Verhaltensweisen. Sie als Eltern haben in der Pubertät einen entscheidenden Einfluss darauf, wie Ihre Kinder sich gegenüber Regeln im Allgemeinen verhalten. Wenn Ihr Ton scharf und kommandierend ist, wird dies vermutlich zur Folge haben, dass Ihr Kind in der Pubertät viel Energie darauf verwendet, sich Ihren Regeln zu widersetzen. Oft lernen Kinder von Eltern, die zu hart sind, die Kunst, überzeugend zu lügen. Und damit ist niemandem geholfen.

Das alles kann für Eltern ganz schön herausfordernd sein. Nicht immer gelingt dieser Drahtseilakt. Wenn Sie aber einen offenen Dialog mit Ihrem Kind aufrechterhalten, ist bereits viel erreicht. Erziehung ist ein wechselseitiger Lernprozess. Regeln werden von Ihrem Kind nur dann angenommen, wenn Sie das berücksichtigen. Und wenn Sie richtig reagieren, falls die Regeln „kein Alkohol unter 18 Jahre, bis 22 Uhr zu Hause sein, nur zwei Stunden Internet am Tag, …" einmal von Ihrem Kind gebrochen werden sollten. Was ist damit gemeint? Wie sollten Sie reagieren, wenn die Regeln gebrochen werden? Mit Konsequenzen, die eine Strafe zur Folge haben, werden Sie jetzt vermutlich denken. Falsch! Strafen sind Machtmissbrauch und auf längere Sicht zudem wirkungslos.

Ein Erziehungs-Beispiel bei Grenzüberschreitung

Kommt Ihre Tochter mit 14 Jahren abends betrunken nach Hause, ist Ihre erste Reaktion wahrscheinlich ein Ausgehverbot als Strafe. Sie wollen als Eltern konsequent sein. Ganz nach dem Motto (unserer Eltern): Wer A sagt, muss auch B sagen können. Doch diese Form der Konsequenz macht Sie als Eltern nicht unbedingt glaubwürdig. Ihre Tochter ist schon gestraft genug. Sie erfährt gerade, welche körperlichen und geistigen Konsequenzen es hat, wenn sie zu viel Alkohol trinkt und sie das nicht verträgt. Sie wird sich schämen und sich definitiv bewusst sein, dass sie eine Grenze überschritten hat. Ihr zukünftiges Verhalten wird nicht davon abhängen, welche Strafe Sie erteilen, sondern, wie Sie sich als Eltern verhalten und mit ihr über dieses Thema unterhalten können. Sie brauchen sie weder bestrafen noch mit einem „Ich habe dir ja gesagt, zu was das führt" belehren. Hören Sie den Gedanken und Gefühlen Ihrer Tochter offen und aufmerksam zu. Vertrauen Sie in die Eigenverantwortlichkeit Ihrer Tochter. Die Zeit der Pubertät ist nun mal eine Zeit der unendlichen Experimente – sowohl bei Jungen als auch bei Mädchen. Wenn Ihr Kind den Raum bekommt, zu scheitern, und dies mit der Familie teilen kann, entwickelt es die nötige Reife, die es in der Zukunft braucht.

- Je mehr die Kinder bestraft, isoliert, belehrt und kritisiert werden, umso weniger werden sie sich, ihre Stärken und Schwächen kennenlernen können. Der Reifeprozess verlangsamt sich sogar!

Tipp für Dialog und gleichzeitiges Aufstellen von Regeln: Wenn Ihr Kind zu einem jungen Menschen heranreift, ist der Zeitpunkt für ein ruhiges Gespräch gekommen, in dem Sie bestimmte Verabredungen miteinander treffen. Sie können zum Beispiel sagen: „Jetzt ist es uns wichtig, dass wir bestimmte Verabredungen mit dir treffen. Wir machen unsere

Vorschläge, über die du dann in Ruhe nachdenken kannst. Danach können wir uns auf die einzelnen Punkte verständigen und darüber unterhalten." Die Verabredungen sollten sich auf das Zusammensein mit Freunden, auf Ausgehzeiten, die Schule, Alkohol, Partys, Internetnutzung usw. beziehen. Machen Sie Ihrem Kind klar, dass diese Regeln nicht für immer und ewig gelten, sondern in den nächsten Jahren demokratisch angepasst werden. Damit treten Sie in gleichwertigen Dialog mit Ihrem Kind und stärken es in seiner Fähigkeit, Verantwortung zu übernehmen. Denn je mehr sich Ihre Kinder ernst genommen fühlen, umso weniger haben sie Lust darauf, „recht zu haben" oder „zu rebellieren" und ihren Willen zu bekommen. Probieren Sie es aus!

Wer hat die Macht in der Erziehung?

Fragen Sie sich einmal ehrlich, ob Sie Ihre Macht als Eltern gelegentlich ge- oder missbrauchen. Die Antwort auf diese Frage ist enorm wichtig. Nur so können Sie die Beziehung zu Ihrem Kind in der Pubertät stärken und in die richtige Richtung lenken. Sie wollen schließlich nicht nur für das eigene Wohlbefinden, sondern auch für das Ihres Kindes sorgen. Als Eltern besitzen Sie große Macht und haben großen Einfluss auf Ihre Kinder. Sie tragen dazu bei, wie sich Ihr Nachwuchs später entwickelt und verhält. Macht ist das Gegenteil von gegenseitiger Liebe und dem Gefühl von Zusammengehörigkeit und Nähe. Kinder passen sich zwar an und kooperieren mit Ihnen, aber nur bis zu einem bestimmten Zeitpunkt. In der Pubertät wollen Kinder ihre Individualität ausleben und selbst bestimmen. Sie beanspruchen Handlungsfreiheit. Die Phase in der Familie, die sich Kindererziehung nennt, geht dann vorbei. In Ihrer Funktion als Rollenvorbilder haben Sie als Eltern ausgedient. Teenager im gleichen Alter sind jetzt Vorbilder. Ihre Kinder werden in der Pubertät konkret sagen, wenn Sie in Ihrem Verhalten zu viel Macht ausüben. Je freier sich Ihr Nachwuchs entwickeln darf, umso positiver wird Ihr Verhältnis zueinander sein. Dieses ist dann auch nicht mehr auf Macht angewiesen. Was aber, wenn es dennoch zu Konflikten kommt? Sehen Sie diese als Geschenk an. Sie haben bisher versucht, beste Eltern zu sein. Und nun bekommen Sie das Feedback Ihres Kindes.

- Eltern bekommen von Ihrem Kind in der Pubertät ein differenziertes Feedback. Dies zeigt sich verbal, aber auch im persönlichen und sozialen Verhalten des Kindes.

Eltern erleben ganz schön viele Herausforderungen, sobald ihre Kinder in der Pubertät sind. Das zeigt sich auf verschiedenen Ebenen. Die elterlichen Ansichten und Wertevorstellungen werden auf die Probe gestellt. Plötzlich beginnt der Nachwuchs, diese zu hinterfragen und zu überprüfen. Und nicht immer übernehmen sie diese Werte. Im besten Fall ist die Zeit der Pubertät von vielen lebhaften und intellektuellen Diskussionen gefüllt. Manchmal müssen Sie auch mit Angriffen auf Ihre Überzeugungen (insbesondere Traditionen) rechnen. Hier kann es schwer für Sie werden, die eigenen Wertevorstellungen zu hinterfragen oder zumindest zur Debatte zu stellen. Doch genau das brauchen Kinder in der Pubertät. Auch, wenn es anstrengend ist, lohnt es sich, diese Art der Beziehung zu Ihrem jugendlichen Kind zu führen. Das führt zur notwendigen Akzeptanz der Unterschiede von beiden Seiten. Und Sie fühlen sich beide weniger provoziert vom anderen.

Rolle des Erziehers – Nein danke: Vertrauen ist gefragt!

In der Pubertät ist es für die Eltern an der Zeit, die Beziehung zu den Kindern zu verändern. Statt der Kindererziehung ist nun ein erwachsener und freundschaftlicher Umgang gefragt. Das ist für Eltern relativ neu. Ist doch die Pubertät immer noch mit vielen Problematisierungen behaftet. Es wird sich gesorgt und kritisiert und vieles bemängelt, was mit der Pubertät und dem Verhalten der Kinder in dieser Zeit zu tun hat. In einigen Kulturen wird die Pubertät gefeiert. Besondere Begebenheiten wie die Menstruation oder der erste Samenerguss werden dort von der Familie begrüßt. Und auch die Sorgen könnten ein Stück weit beiseitegelegt werden. Vertrauen Sie auf Ihr Kind! Und zwar auf allen Ebenen. Vertrauen Sie darauf, dass es positiven und einigen negativen Versuchungen erliegen und leider auch schmerzhafte Erfahrungen machen wird. Ebenfalls sollten Sie darauf vertrauen, dass Ihr Kind versuchen wird, zu Dingen wie Alkohol, Marihuana, Sex, Verliebtheit, Pornografie etc. ein richtiges Verhältnis aufzubauen. Sie können zudem darauf vertrauen, dass Ihr Kind alles, was es in den folgenden Jahren tut, vor allem für sich selbst tut. Das bedeutet nicht, dass es etwas gegen die Eltern unternehmen will. Aber es wird nun unterschieden, mit wem über was gesprochen wird. Oft sind es die Gleichaltrigen, die als Ansprechpartner an erster Stelle stehen. Alles, was Sie tun können, ist zu vertrauen. Das braucht das Kind in der unruhigen Zeit der Pubertät am meisten. Es dürstet regelrecht danach. Besorgnis dagegen kommt nicht gut an. Glauben Sie daran, dass Ihr Nachwuchs sein Bestes gibt, um zu dem Menschen zu werden, der er/sie gerne sein will. Sie dürfen sich Sorgen machen, nur sollten Sie diese nicht dem Kind aufbürden, sondern mit Ihrem/r Partner/in darüber sprechen. Und es gibt glücklicherweise immer mehr Jugendliche, die ihr Leben in die Hand nehmen, ohne aus den Eltern ein Feindbild zu machen. Sie sind nicht mehr für die Erziehung verantwortlich. Sie haben aber weiterhin die Hauptverantwortung für eine gelungene Beziehung.

Seien Sie der Gefühlscoach!

Gerade in der Pubertät erleben Kinder häufig starke Gefühle. Dazu gehören auch die Verliebtheit und Sex. Mit diesen Emotionen gehen nicht alle Kinder gleich um. Manche versuchen, diese Gefühle wegzuschieben. Andere schämen sich für diese Emotionen oder haben Angst vor ihnen. Als Eltern können Sie Ihr Kind beruhigen. Versichern Sie ihm, dass die Gefühle völlig normal sind. Werden Sie zum Gefühlscoach und zeigen Sie Ihrem Kind, was emotionale Intelligenz bedeutet. Hier gibt es ein paar ausgezeichnete Tricks, wie Sie aus einem Gespräch mit dem eigenen Kind Gefühle heraushören und interpretieren können. Haben Sie Ihre Antenne immer ausgefahren und seien Sie bemüht, alles zu tun, damit Ihr Kind zeigt, was es empfindet. Hören Sie einfühlsam zu. Und schalten Sie sich auch bei einem kleinen Stimmungsumschwung ein. Versuchen Sie, die Gefühle des Kindes zu bestätigen. Fassen Sie diese in Worte wie zum Beispiel: „Klingt, als ob du richtig wütend bist." Oder: „Bist du traurig, weil deine Freunde ohne dich weggegangen sind?" Dadurch helfen Sie dem Kind, die eigenen Gefühle zu verarbeiten und zu sortieren. Wenn das Kind einmal eine Gefühlsäußerung zeigt, die verletzend oder nicht akzeptabel ist, dürfen Sie das dem Kind sagen und auf angemessene Weise aufzeigen. Jugendliche, die gelernt haben, ihre Gefühle zu identifizieren, sind seltener gewalttätig.

Noch ein paar Tipps für die Konfliktbewältigung: Wenn Kinder Regeln missachten!

- Hängen Sie Miteinander-Regeln auf, sodass alle aus der Familie sie sehen und sich wieder daran erinnern können.

- Vermeiden Sie in Gesprächen Du-Aussagen. Sie klingen oft ungewollt wie eine Anklage oder ein Vorwurf. Viel besser sind Ich-Aussagen. Teilen Sie Ihrem Kind mit, was Sie empfinden.

- Überhäufen Sie das Kind nicht mit Anschuldigungen: „Du räumst nie auf, du bist wirklich rücksichtslos, …"

- Führen Sie immer einen Gefühlsdialog und vermeiden Sie dabei absolute Aussagen. Worte wie „Nie" und „Immer" provozieren Konflikte nur noch mehr.

- Vermeiden Sie Warum-Fragen. Diese können ebenfalls unterschwellig anklagend wirken. Stattdessen formulieren Sie es so: „Ich bin frustriert, wenn ich in die Küche komme und der Müll noch dasteht. Spricht etwas dagegen, dass du ihn jetzt runterbringst?" Sehen Sie den Unterschied zu: „Warum hast du den Müll noch nicht rausgebracht?" Sie können auch Humor anwenden.

- Entschuldigen Sie sich, wenn Sie einen Fehler gemacht haben. Ihr Teenager mag Sie ab und zu zur Verzweiflung bringen. Dann sagen Sie womöglich etwas, das Sie bereuen.

- Es ist in Ordnung, gelegentlich „Nein" zu sagen. Gesunde Grenzen zu setzen, ist keine Bedrohung für eine liebevolle Beziehung! Ihre klare und zugleich verständnisvolle Haltung führt zu einer vertieften Bindung.

- Wenn das Kind vor Wut explodiert, kann Sie das ebenfalls wütend machen. Bevor Sie die Fassung verlieren, drehen Sie sich um und atmen Sie tief durch. Das tun Sie so lange, bis Sie ruhiger werden. Bewusstes Atmen reduziert die Wut. Es ist leicht, sich in die Gefühle der Kinder hineinziehen zu lassen. Und schwer, diese nicht an sich heranzulassen. Versuchen Sie es!

- Erwarten Sie keine selbstverständliche Dankbarkeit. Das wird alle Beteiligten unglücklich machen. Kinder sind dann dankbar, wenn sie genau wissen, wie gut etwas, das sie bekommen, tatsächlich ist.

- Ist Ihre Geduld am Ende, dann sprechen Sie langsam und mit ruhiger Stimme. Auch können Sie dann besser zuhören. Einfach zuzuhören und nicht gleich zu reagieren, ist schwierig. Aber so erhöhen Sie die Wahrscheinlichkeit, dass Ihr Kind weiterhin mit Ihnen redet.

Liebe, Sex und Zärtlichkeit

Eltern haben einen großen Anteil an der Sexualaufklärung ihrer Kinder im Jugendalter. Für Mädchen ist meistens die Mutter die Ansprechpartnerin, für Jungen ist es der Vater. Kinder wenden sich an die Eltern als Vertrauenspersonen, aber auch, um Wissensdefizite zum Thema Sex aus der Welt zu schaffen. Sie als Eltern haben also in dieser Hinsicht eine hohe Bedeutung. Studien zeigen, dass mittlerweile viele Jugendliche ab 14 Jahren von ihren Eltern über Verhütungsmöglichkeiten informiert werden. Bei den Mädchen sind im Alter von 15 Jahren rund 60 Prozent darüber aufgeklärt. Bei den Jungen weiß ungefähr die Hälfte in diesem Alter über Verhütung Bescheid.

Die Sexualaufklärung findet heute natürlich auf vielerlei Weise statt. Viele Kenntnisse über Sexualität, Fortpflanzung und Empfängnisverhütung erhalten die Jugendlichen heutzutage in der Schule. Aber auch das Internet fungiert als Wissensquelle, wenn es um das Thema Sexualaufklärung geht. Weitere, gern genutzte Medien sind Jugendzeitschriften, Bücher und andere Printmedien. Obwohl die digitalen Medien eine starke Bedeutung unter Jugendlichen eingenommen haben, können sie die zwischenmenschliche Aufklärung durch die Eltern nicht ersetzen. Persönliche Gespräche spielen eine enorm wichtige Rolle. Das hat auch eine Umfrage von der Bundeszentrale für gesundheitliche Aufklärung ergeben. Hier zeigt sich, dass zwei Drittel der Teenager ihre Kenntnisse über Sexualität und Verhütung von den Eltern bekommen haben und diese für sie die wichtigsten Bezugspersonen in der Sexualaufklärung sind.

→ Eltern sollten sich darüber im Klaren sein, dass viele Kinder bereits früh in der Pubertät über das Internet etwas über Sexualität erfahren oder mit pornografischen Bildern in

Berührung kommen. Das bedeutet aber nicht, dass sie verstehen, was sie sehen, oder deshalb schon aufgeklärt sind.

→ Rund jeder zweite Jugendliche sucht für die Aufklärung im Netz Websites wie Wikipedia und ähnliche Nachschlagewerke auf. Auch spezielle Aufklärungs- oder Beratungsseiten zum Thema werden von den Pubertierenden besucht. Viele Jugendliche erhalten zudem in Chats Wichtiges zum Thema. Unterstützen Sie Ihre Kinder bei der Suche nach geeigneten Online-Aufklärungsseiten und empfehlen Sie diese.

Der erste Kuss und Liebesgefühle

Was passiert in den Köpfen der Kinder, wenn es zum ersten Kuss kommt? Und wann werden erste Erfahrungen mit dem Küssen gemacht? Sowohl Mädchen als auch Jungen machen erste Erfahrungen mit Küssen schon in sehr jungen Jahren. Die meisten Kinder haben mit 14 Jahren schon jemanden anderen/gleichen Geschlechts geküsst. Weitergehende Aktivitäten kommen in diesem Alter jedoch so gut wie kaum vor. Was aber ganz sicher in diesem Alter schon vorkommt, sind die erste Verliebtheit und wohl auch der erste Liebeskummer. Plötzlich ist Ihr Kind himmelhochjauchzend verliebt. Diese erste Verliebtheit und der erste Kuss sind für Ihren Nachwuchs eine einmalige und intensive Erfahrung. Sie prägen ungemein. Ihr heranwachsendes Kind stürzt sich in eine bis dahin unbekannte Gefühlswelt. Die erste Liebe kann sich in Form eines romantischen Anhimmelns äußern oder ein erster Gehversuch in Sachen Liebesbeziehung sein. Wenn ein Junge und ein Mädchen, zwei Mädchen oder zwei Jungen „miteinander gehen", bedeutet dies nicht, dass sie schon sexuelle Kontakte miteinander haben. Die erste Liebe hat meistens noch viel mit Romantik und wenig mit sexuellen Kontakten zu tun.

Egal, wie die erste Liebe Ihres Kindes aussieht, machen Sie sich nicht darüber lustig. Denn Kinder nehmen die erste Liebe sehr ernst. Wenn Ihr Kind sich Ihnen damit anvertraut, sollten Sie Verständnis für seine/ihre Gefühle zeigen. Sie können Ihrem Kind zudem helfen, sich in dieser außergewöhnlichen Zeit zurechtzufinden. Und freuen Sie sich, wenn die erste Liebe Ihres Kindes erwidert wird. Wenn es dann irgendwann Liebeskummer erleidet und das Herz in tausend Stücke zerbrochen ist, nehmen Sie es in den Arm. Liebeskummer ist hart und furchtbar einschneidend. Dieses Herzweh vergisst man nie. Die Trennung schmerzt auch im Kindes- und Jugendalter zutiefst! Der Verlust macht Ihr Kind unendlich traurig. Das Beste, was Sie dann tun können, ist für das Kind dazu sein. Denn es muss diese Gefühlshölle alleine durchlaufen. Wenn es darüber sprechen will, hören Sie ihm zu. Lenken Sie Ihr Kind ab, verwöhnen Sie es und tun Sie ihm Gutes. Schön ist es auch, wenn Sie Ihre eigenen Liebeskummer-Erfahrungen teilen. Gehen Sie in der Phase tolerant mit der Laune Ihres Kindes um. Irgendwann dreht sich die Erde weiter. Und eines Tages wird Ihr Kind darüber hinweg sein. Dann sagt es vermutlich, dass der Liebeskummer auch etwas Positives gehabt habe. Sonst hätte er/sie nie den oder die neue Freund/in kennengelernt.

Erste sexuelle Annäherungen und Beziehungen

Laut Umfragen der Bundeszentrale für gesundheitliche Aufklärung ist nahezu die Hälfte der 14-Jährigen absolut unerfahren, was den sexuellen Umgang mit dem anderen Geschlecht betrifft. Auch, was andere sexuelle Aktivitäten wie Petting und Ähnliches angeht, sind die Erfahrungen gering. Lediglich ein ganz geringer Teil der Jugendlichen ist vor dem 16. Lebensjahr schon sexuell aktiv. Sie können also aufatmen. Dennoch ist es normal, dass Sie sich Sorgen machen, wenn Ihr Kind langsam anfängt, sich für das andere Geschlecht zu interessieren. Erste Verliebtheitsgefühle treten meistens zum ersten Mal mit 12 oder 13 Jahren auf. Aus einer Schwärmerei kann dann schnell eine feste Beziehung werden. Als Eltern haben Sie womöglich Angst, dass Ihre Tochter oder Ihr Sohn in diesem Alter schon Sex hat, und hoffen, dass er/sie damit noch ein bisschen wartet. Das Liebesleben Ihrer Kinder sollte aber, trotz aller Sorgen, nicht allzu bedenklich angesehen werden. Die meisten Jugendlichen wissen, was sie tun. Und wenn sie gut aufgeklärt sind, wissen sie auch über alle sexuellen Dinge Bescheid. Wie die Umfragen zeigen, sind Kinder heute nicht früher sexuell aktiv als vor ein paar Jahren. Zwar reifen sie körperlich früher heran, doch das Thema Sex wird für viele Teenager erst im Alter von 16 Jahren interessant. Wenn das eigene Kind dann in das Liebes- und Sexualleben startet, ist es durchaus sinnvoll, sich die eigene Jugendzeit zu vergegenwärtigen.

→ Erinnern Sie sich an sich selbst. Wie haben Ihre Eltern reagiert, als Sie das erste Mal eine/n Freund/in mit nach Hause gebracht haben? Haben Sie von Ihren Eltern Unterstützung bekommen oder eher mahnende Worte gehört? War die Reaktion Ihrer Mutter passend oder überängstlich und einschränkend?

Selbst wenn es Ihnen schwerfällt, das Beste, was Sie für Ihr Kind tun können ist: Zutrauen, Vertrauen, Unaufgeregtheit, Fürsorge und Interesse zu schenken. Begleiten Sie Ihr Kind durch diese Phase, statt es zu warnen, zu maßregeln und zu verängstigen. Außerdem: Je mehr Sie reinreden, desto weniger wird Ihr Kind Ihnen in der Zukunft erzählen. Wenn es Probleme mit der Verhütung oder Ähnlichem gibt, und Ihr Kind dann nicht mehr mit Ihnen spricht, ist das ein Problem. Des Weiteren wissen Sie sicher auch, dass ein „zu viel" Ihrerseits zu extremer Gegenwehr führt. Jugendliche sind impulsiv und tun erst recht die Dinge, die Eltern am wenigsten wollen. Wenn Sie Ihrem Kind eine Liebesbeziehung verbieten, wird diese heimlich fortgeführt. Selbst, wenn Ihnen der/die Freund/in persönlich nicht zusagt, es ist Ihr Kind, dass über seine Partnerschaft entscheidet. Das wird das ganze Leben über so sein. Akzeptieren Sie seine Privatsphäre und greifen Sie nur ein, wenn die Partnerschaft zu einer Gefahr für Ihr Kind wird.

- Für Ihre Kinder ist es hilfreich, wenn sie sich gemeinsam mit Ihnen mit den ersten Geschlechtsverkehr und andere Themen auseinandersetzen können. Selbst, wenn sich Ihr Kind in einigen Momenten trotzig gibt, wird es über Ihre Argumente nachdenken.

- Einige Jugendliche wollen vor ihren Freunden, die ihr erstes Mal bereits erlebt haben, nicht blöd dastehen. Hier können Sie ermutigend auf Ihre Kinder einwirken und Ihnen anraten, auf das eigene Gefühl zu hören statt auf die Meinung der anderen. Stärken Sie ihr Kind, auf seine eigene Meinung zu hören, und zeigen Sie Ihre moralische Unterstützung. Das ist viel besser, als wenn Sie eine Moralpredigt halten oder Verbote aussprechen.

Das erste Mal Sex und Verhütung

Das erste Mal markiert bei Jugendlichen den Einstieg in ein regelmäßiges Sexualleben. Es bleibt nämlich nicht bei einem Mal. Weit über die Hälfte der Jungen hat innerhalb weniger Tage oder Stunden danach ein weiteres Mal Sex. Bei den Mädchen sind es mit 60 Prozent fast ebenso viele.

Sollte Ihr Kind auf das erste Mal zusteuern, ist es deshalb höchste Zeit, das Sie über Verhütung, Schwangerschaft und Verantwortung beim Sex sprechen. Sie sollten das eigentlich schon davor mindestens einmal angesprochen haben. Wichtig ist, dass Ihre Tochter oder Ihr Sohn weiß, was Safer Sex bedeutet. Und wie bedeutungsvoll ein Kondom ist, um vor sexuell übertragbaren Krankheiten und einer Schwangerschaft zu schützen. Selbst, wenn Ihr Kind behauptet, das alles schon zu wissen, fragen Sie genauer nach. Sie werden feststellen, dass die Informationen nur unzureichend sind, oder sogar, dass sie gar nicht gut informiert sind. Verpassen Sie diesen Moment nicht, um eventuelle Wissenslücken zu schließen. Bieten Sie Ihrem Kind zudem weiteres Informationsmaterial wie Bücher oder Broschüren an. Das sollten Sie natürlich nicht mit erhobenem Zeigefinger tun, sondern auf Augenhöhe. Sie können in diesem Zusammenhang auch über Ihr erstes Mal sprechen. Erzählen Sie Ihrem Kind, welche Informationen Sie sich von Ihren Eltern damals gewünscht hätten.

→ Bekommen Ihre Kinder keine Informationen von Ihnen, holen Sie sich Rat bei Gleichaltrigen. Diese können zwar zur Aufklärung beitragen, doch kursieren viele Halbwahrheiten und Lügen unter Jugendlichen. Viele Mädchen und Jungen geben vor ihren Freunden an, schon sexuelle Erfahrungen gehabt zu haben, um sich besser darzustellen. In Wirklichkeit haben sie keine Ahnung, wie es ist. Vater und Mutter – und auch ältere Geschwister – bleiben aus diesem Grund die wichtigsten Personen bei der Wissensvermittlung.

Das erste Mal macht Angst!

Erste sexuelle Kontakte sowie das erste Mal kommen bei den meisten Jugendlich zwischen 15 und 17 Jahren vor. Mit 17 Jahren haben rund 90 Prozent von ihnen schon Kusserfahrungen. Und mindestens zwei Drittel hat bereits Erfahrungen mit Petting gehabt. Was den Beginn des Sexuallebens angeht, hat es in den letzten Jahren eine leichte Rückentwicklung gegeben. Nur etwa vier Prozent der 14-Jährigen hat schon Sex. Auch in der Altersgruppe der 16-Jährigen sind nur etwa die Hälfte der Jugendlichen schon sexuell aktiv. Viele Mädchen warten bis ins junge Erwachsenenalter hinein, um Sex zu haben. Die Gründe sind vielfältig. Für viele ist aber eine feste Beziehung der Hauptgrund für regelmäßigen Sex. Deshalb passiert das erste Mal heute viel weniger ungeplant als noch vor einem Jahrzehnt. Jugendliche gehen also in der Regel ihr erstes Mal gezielt an.

Auch, wenn das erste Mal mit einem festen Partner/einer festen Partnerin erlebt wird und beiderseitiges Einverständnis dazu enorm wichtig geworden ist, die Vertrautheit mindert Ängste und

Unsicherheiten nicht. Zwar ist Sex für Jugendliche aufregend und sie freuen sich darauf. Nichtsdestotrotz kommen bei vielen unangenehme Gefühle auf. Mädchen fragen sich, ob das erste Mal wehtut oder ob der Penis des Jungen zu groß sein könnte. Jungen sind ebenfalls unsicher. Sie haben Angst, nicht alles richtig zu machen oder im entscheidenden Moment nicht zu können. Aus diesen Gründen überlegen sich Jugendliche in der Regel ganz genau, mit wem sie das erste Mal erleben wollen. Viele warten dafür auf den geeigneten Partner/die geeignete Partnerin. Es sollte jemand sein, dem sie vertrauen und den sie lieben. Je länger sie den/die Partner/in kennen, desto schöner und angenehmer empfinden sie das erste Mal. Im Nachhinein sagen viele Jugendliche, dass es für sie gar nicht so sehr auf den Sex selbst ankam. Sie waren einfach froh, diesen Schritt überhaupt gewagt zu haben. Erst mit zunehmender sexueller Erfahrung entdecken sie, was ihnen Lust bereitet. Auch lernen sie erst mit der Zeit, ihre Wünsche mitzuteilen.

Lustempfinden: Hier bedarf es Aufklärung!

Obwohl das Thema Selbstbefriedigung kein Tabu mehr ist, zeigen Umfragen, dass Mädchen sich schwertun, Lust zu erleben. Im Gegensatz zu Jungen befriedigen sich viel weniger Mädchen selbst und auch erst viel später als Jungen. Sie wissen nicht, wie sich ein Orgasmus anfühlt, wie sie diesen erleben können, und wie ihre Vulva aufgebaut ist. Nur wenige Mädchen haben sich in der Pubertät einmal lustvoll an der Klitoris berührt. Die mangelnden Erfahrungen mit Selbstbefriedigung sorgen dafür, dass sie den Geschlechtsverkehr oft nicht wirklich als etwas Lustvolles erleben. Unter Freundinnen wird auch heute noch sehr selten über Selbstbefriedigung gesprochen. Sich durch Streicheln und Reiben zum Orgasmus zu bringen, empfinden viele Mädchen als etwas, das man nicht macht oder nicht nötig hat. Bei vielen löst die Vorstellung, sich an der Vulva anzufassen, Unbehagen aus. Mädchen empfinden erst durch das Petting mit dem/der Partner/in Lustgefühle. Doch auch dann ist das Unbehagen noch groß. Sie schämen sich für ihre Genitalien, ihren Geruch und die feuchte Scheide. Als Eltern – hier vor allem als Mutter – sind Sie gefragt, in dieser Hinsicht aufzuklären und die Schamgefühle und Unsicherheiten der Tochter abzubauen. Erklären Sie ihr, dass es große Freude macht, sich selbst zu berühren, und dass sexuelle Erfahrungen nichts Schlimmes sind, wofür man sich schämen muss. Ermuntern Sie sie dazu, die Selbstbefriedigung auszuprobieren.

Jungs haben weniger Probleme mit der Lustempfindung. Auch befriedigen Sie sich regelmäßig selbst und haben davor keine Scham. Sie belasten in der Regel andere Probleme. Diese machen sie aber oft nur mit sich selbst aus. Nur selten sprechen sie mit ihren Freunden darüber. Sie wollen es nicht zugeben, doch Jungs haben einen Riesenbammel vor dem ersten Mal. Sie machen sich große Gedanken über das Aussehen ihres Penis, haben Angst, dass keine richtige Erektion zustande kommt, dass sie zu schnell kommen, oder der/dem Partner/in wehtun. Jungen empfinden, dass ein enormer Leistungsdruck auf ihnen lastet. Um keinen Preis der Welt wollen sie versagen. Umso stolzer sind sie, wenn der Sex geklappt hat. Denn nicht der erste Samenerguss, sondern der erste Sex gibt ihnen das Gefühl, zum Mann geworden zu sein.

Gespräche von Seiten der Eltern sind enorm wichtig in diesem Zusammenhang. Vor allem der Vater spielt eine wichtige Rolle. Vielen Vätern fällt es aber schwer, mit ihrem Sohn offen und unverkrampft über Sex zu sprechen. Vor allem, wenn es um intime Details und Beziehungen geht. Dabei hat der Vater eine wichtige Vorbildfunktion. Kommt er dieser nicht nach, kann es sein, dass an den Sohn überholte Rollenbilder weitergegeben werden. Es reicht also nicht aus, wenn der Vater sachlich den biologischen Ablauf erklärt und über ungewollte Schwangerschaften und Geschlechtskrankheiten spricht. In der Vater-Sohn-Beziehung sollte auch über Sexting, Geschlechtsidentität, Gleichberechtigung im Bett, veraltete Klischees, Unsicherheiten, Sexualpraktiken, Männlichkeitsbilder und vieles mehr gesprochen werden. Was vielen Vätern nicht bewusst ist: Sie haben eine männliche Sicht in Bezug auf Sex. Diese ist bei der Aufklärung wichtig, auch wenn es um die Aufklärung der Tochter geht!

- Wussten Sie schon? Sexuelle Treue hat bei Jugendlichen einen hohen Stellenwert. Kaum ein Junge oder Mädchen hält diese Forderung für falsch. Viele finden, dass sexuelle Treue sogar eine Notwendigkeit in der Partnerschaft sein muss.

- Rund vier Prozent der Jungen und zwei Prozent der Mädchen outen sich und geben an, sich sexuell zum eigenen Geschlecht hingezogen zu fühlen. Genauso viele Jugendliche geben an, bisexuell zu sein. Viele von ihnen machen in der Pubertät erste Kuss- und Körperkontakte. Geschlechtsverkehr haben aber nur wenige bi- und homosexuelle Jugendliche, weil ihnen der/die richtige Partner/in fehlt.

Väter sollten bei der Sexualaufklärung Klischeevorstellungen und Pornografie ansprechen. Viele Jungen konsumieren heute Pornos. Dort wird ein falsches Bild von Sex gezeichnet und die Frau als unterwürfiges Objekt dargestellt. Pornos sorgen bei Jungen (die dazu noch völlig unerfahren sind) häufig für völlig verzerrte Realitätsvorstellungen. Leider kommt in vielen Pornos auch Gewalt vor. Gerade deshalb ist es für Väter wichtig, das falsche Bild in den Köpfen des Sohnes zurechtzurücken. Was läuft wirklich im Bett ab? Und auch die Frage, was mögen Frauen eigentlich, ist wichtig.

Verhütung, ein wichtiges Thema bei der Aufklärung

Aufklärung über passende Verhütungsmittel bleibt weiterhin ein wichtiger Teil der elterlichen Verantwortung. Erfreulicherweise ist Verhütung heute ein wichtiges Thema für Jugendliche. Und sie gehen damit auch meistens verantwortungsvoll um. Nur wenige Teenager beschäftigen sich überhaupt nicht mit Verhütung. Die Zahlen Nichtverhütender ist sehr gering. Die Gründe sind dann fast immer dieselben: Es ist spontan passiert! Dazu kommt manchmal noch die naive Hoffnung, dass schon nichts passieren wird, wenn man einmal ohne Gummi miteinander schläft.

- Das Kondom ist bei Jugendlichen mit deutlichem Abstand das Verhütungsmittel Nummer Eins: Rund 75 Prozent verhüten beim ersten Mal mit Kondom. Aber auch die Pille kommt beim ersten Mal erstaunlich häufig zur Anwendung, und zwar in etwa der Hälfte der Fälle. Dass die Pille keinen Schutz vor sexuell übertragbaren Krankheiten bietet, darüber sind sich nur wenige Jugendliche im Klaren.

- Viele Jugendliche geben sich Mühe, darauf zu achten, dass keine Schwangerschaft eintritt.

- Mädchen gehen gewissenhafter mit der Verhütungsfrage um als Jungen.

- Erfreulicherweise zeigen Jungs wie Mädchen das gleiche Verantwortungsgefühl und geben an, beide für die Verhütung verantwortlich zu sein.

Wenn Jugendliche Sex miteinander haben, verläuft nicht immer alles nach Plan. Vor lauter Aufregung kann das Kondom falsch herum aufgesetzt werden oder es wird schlicht vergessen. Oder das Kondom reißt. Wenn Verhütungsmittel benutzt werden, kann immer etwas schiefgehen. Sie wissen das sicher aus eigener Erfahrung. Viele Jugendliche wollen natürlich eine Schwangerschaft verhindern. Sprechen Sie deshalb das Thema „die Pille danach" und auch das Thema „Abtreibung" frühzeitig an. Erklären Sie Ihrer Tochter, dass sie um den Eisprung herum am fruchtbarsten ist und an diesen Tagen besonders aufpassen muss, wenn sie Sex hat. Der Eisprung erfolgt ungefähr 10 bis 14 Tage vor der nächsten Menstruation. Da der Zyklus bei Mädchen durchaus noch schwanken kann, sind die fruchtbaren Tage aber nicht immer zu 100 Prozent voraussehbar. Das Ausrechnen der fruchtbaren Tage ist deshalb als Verhütungsmethode nicht geeignet!

Haben Sie einen Sohn, sollten Sie im ebenfalls vom Eisprung bei Mädchen erzählen. Machen Sie ihm bewusst, dass die Wahrscheinlichkeit, Vater zu werden, hoch ist, wenn er mit seiner Freundin ungeschützten Sex hat, besonders um den Eisprung herum können seine etwa 400 Millionen Spermien leicht eine Eizelle befruchten. Diese können sogar bis zu sieben Tage im Körperinneren überleben und weiterhin befruchtungsfähig sein. Der Mythos, dass vor dem Orgasmus oder während der Menstruation keine Schwangerschaft entstehen kann, ist falsch: Es reicht bereits ein Lusttropfen aus, der aus der Penisspitze austritt, um für eine Befruchtung zu sorgen. Während der Menstruation kann es ohne Verhütung zu einer Schwangerschaft kommen, wenn das Mädchen einen kurzen Zyklus hat. In diesem Zusammenhang versteht es sich von selbst, dass das Rausziehen des Penis vor dem Orgasmus keine geeignete Verhütungsmethode für Ihren Sohn ist.

- Fakt ist, dass Mädchen und Jungen heute viel Wert auf sichere Verhütung legen, dennoch sollten Sie frühzeitig mit Ihren Kindern über das Thema Verhütung sprechen.

Informieren Sie Ihre Tochter, dass Sie bis zum 20. Lebensjahr bei ihrer Krankenversicherung Anspruch auf die Kostenübernahme von Verhütungsmitteln hat. Dazu zählen neben der Pille auch die Hormonspirale, Hormonimplantate, Vaginalringe, Verhütungspflaster und „die Pille danach". Bei der Entscheidung für oder gegen ein bestimmtes Verhütungsmittel müssen Ihre Kinder verschiedene Aspekte berücksichtigen. Die beste Methode der Verhütung ist noch immer mit dem Kondom gewährleistet. Es garantiert die höchste Sicherheit und ist zudem einfach zu benutzen. Das Kondom ist auch das einzige Verhütungsmittel, das von Jungen benutzt wird und nicht nur vor Schwangerschaften, sondern zudem beide Partner vor Krankheiten schützt. Die Anwendung des Kondoms wirkt zwar komplizierter als gedacht, aber hier können Jungen dieses zuerst für sich ausprobieren und die Abrolltechnik einstudieren. Zudem gibt es viele Broschüren mit praktischen Hinweisen zur Anwendung eines Kondoms. Leider werden Kondome für Jungen nicht von der Krankenkasse bezahlt. Und wenn ein Kondom reißt, ist „die Pille danach" notwendig. Das sollten alle Jugendlichen wissen! „Die Pille danach" muss bis spätestens 72 Stunden nach dem Sex von dem Mädchen eingenommen werden. Am wirksamsten ist sie innerhalb der ersten zwölf Stunden.

- Väter sollten ihrem Sohn so konkret wie möglich die Nutzung des Kondoms erklären und ihm zeigen, welche Marke und Größe er wo kaufen kann. Viele Jungen tun so, als wüssten sie schon über die Anwendung Bescheid. Doch das ist nicht immer richtig. Geben Sie ihm ein paar Anfänger-Tipps mit auf den Weg und vermitteln Sie ihm, dass es nicht peinlich sein muss, die Anwendung des Kondoms zu üben.

Die Pille, die noch immer gerne als Verhütungsmethode verwendet wird, führt in vielen Fällen zu starken Nebenwirkungen und die Einnahme soll von Ihrer Tochter wohlüberlegt werden. Hier ist es sinnvoll, sich im Vorfeld über die verschiedenen Pillen-Präparate und deren Hormonstärke und Nebenwirkungen zu informieren. Immerhin kann sie jederzeit wieder abgesetzt werden, sodass sie auf jeden Fall ausprobiert werden kann. Solange Ihre Tochter aber noch nicht sexuell aktiv ist, macht es keinen Sinn, eine Spirale oder die Pille als Verhütungsmethode zu verwenden. Auch wenn Freundinnen von ihr diese gegen Menstruationsbeschwerden nehmen, empfiehlt sich die Einnahme hierfür nicht. Die Hormonpräparate sind stark in der Wirkung. Und man weiß, dass diese nicht nur positiv wirken. Manche Mädchen werden durch die Pilleneinnahme depressiv oder verlieren ihr natürliches Körpergefühl. Abzuraten ist in der Pubertät auch von Scheidenzäpfchen und Schwämmen. Diese sind mit chemischen Mitteln versehen, die dem Mädchen in der Pubertät Schaden zufügen können. Ebenfalls sind ein Diaphragma oder die Portiokappe am Anfang des Sexlebens nicht sinnvoll. Hierzu muss das Mädchen ihren Körper bereits sehr gut kennen und die Benutzung intensiv geübt haben. Spiralen und

Implantate bieten dagegen eine hohe Verhütungssicherheit. Sie schützen aber nicht vor sexuell übertragbaren Krankheiten und sollten mit Kondom kombiniert werden. Zudem müssen diese mehrere Jahre im Körper verbleiben.

Die Pille: Die Pille muss jeden Tag zur gleichen Zeit eingenommen werden. Sie ist nicht sicher, wenn Ihre Tochter sie einmal vergisst zu nehmen. Ebenfalls kann sie die Wirkung verlieren, wenn Ihre Tochter an Durchfall oder Erbrechen erkrankt ist. Einige Medikamente wie Schmerzmittel, Antibiotika und homöopathische Mittel können die Verhütungssicherheit der Pille ebenfalls beeinflussen.

Das Kondom: Ein Kondom schützt vor AIDS und anderen sexuell übertragbaren Krankheiten. Es bietet einen hohen Schutz vor Schwangerschaften. Beim Kondomkauf ist sowohl auf die Größe als auch auf die Passform und das Haltbarkeitsdatum zu achten. In der Regel sind den meisten Jungen handelsübliche Standardkondome noch zu groß. Es gibt spezielle Kondome für Jugendliche. Diese sind aber nur in Apotheken oder im Internet erhältlich.

Sexuell übertragbare Krankheiten: AIDS und andere Krankheiten gehören beim Sex zu den Risiken, wenn ungeschützt Geschlechtsverkehr stattfindet. Nicht immer werden solche Krankheiten sofort entdeckt. Bei den meisten sexuell übertragbaren Krankheiten bestehen gute Behandlungs- und Heilungschancen. Zudem gibt es für Hepatitis B einen Impfstoff, den Jugendliche kostenlos in Anspruch nehmen können. Erste Symptome einer sexuell übertragbaren Krankheit können geschwollene Lymphknoten oder grippeähnliche Symptome sein. Ausfluss, Hautveränderungen im Genitalbereich, Geschwüre, Bläschen, auffälliges Jucken, Brennen beim Wasserlassen, eitriger Ausfluss oder Unterleibsschmerzen sind weitere Symptome.

Ein Wort zu den gesetzlichen Regelungen: Je nach Alter unterstehen Kinder einem besonderen, gesetzlichen Schutz. Dieses wichtige Gesetz soll eine ungestörte Entwicklung gewährleisten und Heranwachsende vor Abhängigkeiten, sexuellen Übergriffen, Gewalt und anderen Dingen schützen. Aufgrund ihrer Unreife können Kinder noch nicht selbst für sich einstehen. Deshalb sind sexuelle Handlungen bis zum 14. Lebensjahr verboten. Auch wenn diese einvernehmlich stattfinden, dürfen Kinder bis 14 Jahre keinen Sex haben. Im Alter von 14 bis 16 Jahren sind Geschlechtsverkehr und Petting erlaubt, wenn dies einvernehmlich geschieht. Allerdings dürfen Volljährige und Personen, die für die Erziehung zuständig sind, keinen Sex mit Jugendlichen in diesem Alter haben. Ab 16 Jahren sind Jugendliche bis zur Volljährigkeit weiterhin vor Missbrauch und sexuellen Handlungen geschützt. Sie besitzen aber ab diesem Alter sexuelle Freiheiten und können selbst bestimmen, mit wem sie Sex haben. Eltern können, solange ihre Kinder noch nicht volljährig sind, bestimmen, mit wem diese Umgang haben dürfen. Ist das Kind aber nicht damit einverstanden, kann in Konfliktfällen das Jugendamt eingeschaltet werden.

Keine Handhabung haben Sie als Eltern, wenn sich Ihre 16-jährige Tochter vom Frauenarzt die Pille verschreiben lässt oder im Falle einer Schwangerschaft eine Abtreibung vornehmen lassen will.

Mein Kind ist besonders

Es ist normal, besonders zu sein. Jedes Kind hat seine eigene Persönlichkeit. Es besitzt besondere Begabungen, hat unverwechselbare Charaktereigenschaften, spannende Interessen und unterscheidet sich somit von anderen Menschen. Auch in Bezug auf die sexuelle Identität und Orientierung kann sich Ihr Kind von anderen unterscheiden. Denn nicht alle Kinder sind heterosexuell oder fühlen sich in ihrem männlichen oder weiblichen Körper wohl. Als Eltern spüren Sie vielleicht, dass Ihr Kind Ihnen in mancher Hinsicht ähnlich ist, aber sich doch in ein paar Punkten von Ihnen unterscheidet. Vielleicht sogar ganz anders ist, als Sie erwartet haben, weil es sich zum eigenen Geschlecht hingezogen fühlt oder mit seinem biologischen Geschlecht nicht einverstanden ist.

Homosexualität und trans* sind nichts Schlimmes. Genau wie der Charakter oder die Haarfarbe zählen sie zu den Eigenschaften Ihres Kindes. Ihr Kind wurde mit dieser Eigenschaft geboren. Diese Eigenschaft zu akzeptieren und Ihrem Kind die größtmögliche Unterstützung zukommen zu lassen, ist wichtig. Vielleicht glauben Sie, dass es heute nicht mehr notwendig sei, da sexuelle Orientierung und Geschlechtsidentität nicht mehr so stark tabuisiert werden. Aber selbst, wenn die Akzeptanz sexueller Vielfalt zugenommen hat, bedeutet das nicht, dass Ihr Kind keiner Unterstützung bedarf. Vielleicht wissen Sie auch nicht genau, was Sie tun sollen, wenn Sie mit dem Coming-out Ihres Kindes konfrontiert werden. Selbst für Eltern, die gegenüber Homosexualität und trans* sehr offen sind, kommt das Coming-out meistens unerwartet. Nicht selten ist das für einige Eltern zuerst beunruhigend oder sogar erschreckend. Vielleicht mögen Sie überrascht sein, dass Ihr Kind nicht heterosexuell ist. Denn nicht alle Eltern hatten es bereits im Gefühl.

Das ist durchaus verständlich. Als Eltern müssen Sie einen eigenen Prozess in der Beziehung zu Ihrem homosexuellen und/

oder trans* Kind durchlaufen. Zudem sind Sie gefordert, sich mit den Themen sexuelle und geschlechtliche Vielfalt und Ihrem Verhältnis dazu auseinanderzusetzen. Sie handeln und sprechen dabei zuerst nur für sich selbst und aus Ihrer eigenen Lebenssituation heraus. Aber möglicherweise ist das nicht genug, wenn Ihr Kind homosexuell ist oder das Geschlecht wechseln möchte. Oft suchen Eltern auch nach Gründen, warum ihr Kind trans* ist oder sich in Menschen gleichen Geschlechts verliebt. Das ist natürlich absurd. Denn es gibt keine Gründe oder ein spezifisches Verhalten, das auf Geschlechtsidentität oder sexuelle Orientierung von Menschen hindeutet. Zumal jedes Kind mal eine Lieblingsfarbe, ein Hobby oder ein Kleidungsstück hat, das aus der geschlechtsspezifischen, traditionellen Vorstellung herausfällt. Jungs mögen rosa, lackieren sich gerne mal die Fingernägel oder spielen mit Puppen und Mädchen zocken gerne mal am Computer oder spielen Fußball. Das bedeutet nicht, dass dieses geschlechtsrollenuntypische Verhalten ein Grund ist, um Ihr Kind als homosexuell oder trans* zu identifizieren. Homosexuelle und trans* Kinder sind genauso vielfältig wie heterosexuelle Kinder. Leider nehmen viele in unserer Gesellschaft nur diejenigen Personen wahr, die den schwulen, lesbischen und transgeschlechtlichen Stereotypen entsprechen. Alle anderen, die diesen Stereotypen nicht entsprechen, werden übersehen. Ihre Tochter oder Ihr Sohn kann deshalb übersehen werden. Von Ihnen und/oder der Gesellschaft.

In diesem Zusammenhang sollten Sie wissen, dass Kinder, bevor sie mit ihren Eltern sprechen, sich zuerst selbst lange mit dem Thema auseinandersetzen. Es kommt zudem häufig vor, dass sie mit Freunden/Freundinnen darüber reden. Manchmal sind es auch die Familienmitglieder, die es als Erstes wissen. Machen Sie sich keine Vorwürfe, wenn Sie erst spät davon erfahren.

- Etwa jeder 15. Jugendliche fühlt sich sexuell und emotional zum eigenen Geschlecht hingezogen.

- Einer von 3.000 Jugendlichen fühlt, dass seine/ihre Identität nicht mit dem biologischen Geschlecht übereinstimmt.

- Kein Kind kann sich seine sexuelle Orientierung aussuchen. Homosexualität ist auch keine Krankheit. Sie ist eine besondere, wundervolle Prägung und macht einen wichtigen Teil der Menschheit aus.

Aus Respekt gegenüber homosexuellen und transgeschlechtlichen Menschen werden in diesem Kapitel Begriffe verwendet, die möglichst inklusiv sind. Wenn zum Beispiel von trans* mit Sternchen die Rede ist, dann deshalb, um die Vielfalt von transgeschlechtlichen Menschen zu unterstreichen. Diese wird nämlich oft übersehen. Als trans* werden Personen bezeichnet, für die ihr bei der Geburt zugewiesenes Geschlecht nicht zwingend mit ihrem gelebten Geschlecht übereinstimmt. Es gibt außerdem trans* Frauen, trans* Männer und trans* Personen, die heterosexuell, homosexuell oder bisexuell sind. Des Weiteren sollten alle trans* Menschen, die sich nicht ausschließlich als Frau oder Mann verstehen, miteinbezogen werden. Sie leben offen einen „Geschlechtermix".

Was tun, wenn Sie glauben, Ihr Kind ist trans* und/oder homosexuell?

Hier gibt es ein schönes Beispiel von einem Vater, der erzählte, wie er von der Homosexualität seines Sohnes erfahren hat. Über einige Jahre hatte der Vater Zweifel und das Thema immer wieder aus seinem Kopf verdrängt. Es erschien ihm einfach zu unglaublich. Doch die Zweifel blieben. Er entschloss sich, seinen Sohn, als dieser ungefähr 15 Jahre alt war, direkt darauf anzusprechen. So bat er ihn, mit ihm zusammen mit dem Hund rauszugehen, weil er ihn etwas Wichtiges fragen wollte. Die beiden machten sich auf den Weg. Der Vater redete nicht lange herum und fragte den Sohn, ob es vielleicht sein könnte, dass er homosexuell wäre. Der Sohn verdrehte kurz – wie es Kinder in der

Pubertät oft tun – die Augen. Dann sagte er, dass der Vater richtig liegen würde. Die beiden umarmten sich und waren zu Tränen gerührt. Denn es war eine besondere und intime Situation, die Vater und Sohn miteinander teilten. Die Gewissheit, dass der Sohn wirklich homosexuell war, überwältigte den Vater, obwohl er insgeheim damit gerechnet hatte. Seinen Sohn überwältigte die Tatsache, dass sein Vater ihn direkt und ganz natürlich darauf angesprochen hatte. Und, dass er es so selbstverständlich akzeptierte.

Diese Erfahrung zeigt, wie wichtig und notwendig für Kinder die Akzeptanz der Eltern ist. Es zeigt auch, wie wichtig es als Eltern ist, offen auf das Kind zuzugehen. Leider gibt es nicht immer so schöne Beispiele wie dieses. Einige Eltern können die sexuelle Orientierung ihrer Kinder nicht akzeptieren. Sei es aus religiösen Gründen oder weil sie Vorurteile haben. Das ist natürlich sehr traurig. Denn oft kommt es dann zum Bruch mit dem Kind. Dabei gibt es schon genügend Diskriminierungen im sozialen und gesellschaftlichen Umfeld. Viele trans* und homosexuelle Personen leiden unter ihnen. Deshalb ist es wichtig, dass die eigene Familie entschieden für das eigene Kind eintritt, unabhängig der möglichen Differenzen oder Streitigkeiten, die es deshalb geben mag. Ihr Kind sollte sich sicher sein, dass es immer auf Sie zählen kann, und dass Sie es lieben, wie es ist. Lassen Sie sich auch nicht verunsichern. Ihr Kind verwandelt sich nicht von heute auf morgen in einen anderen Menschen, nur weil es mitgeteilt hat, dass es homosexuell ist. Freuen Sie sich stattdessen, dass Ihr Kind Ihnen vertraut und erzählt, dass es einen Menschen gleichen Geschlechts mag.

Sie müssen wissen, dass das Coming-out für Ihr Kind ein wichtiger, aber doch schwieriger Weg ist. Der Prozess ist oft krisenbehaftet. Und bis es zu Gesprächen kommt, fühlt sich Ihr Kind womöglich schuldig oder verleugnet sich selbst. Auch kann es zu Gewissenskonflikten, Selbstzweifeln und Angst kommen. Wenn es merkt, dass es bei Ihnen Akzeptanz findet, hat es den Mut, mit Ihnen darüber zu sprechen.

Auch für Sie mag das Coming-out eine große Herausforderung sein. Doch sehen Sie diesen Prozess als etwas Positives an, um selbst reifer, einsichtiger und toleranter zu werden. Es wird Sie dazu bringen, überlegter und bewusster zu urteilen. Viele Dinge, die Sie früher nachdenklich gestimmt haben, bekommen jetzt eine andere Dimension. Viel zu oft ist das Coming-out von der Negativität der Eltern überschattet. Selbst, wenn sich diese nur Sorgen um die Zukunft ihres Kindes machen. Doch die Befürchtung, dass das Kind ab sofort nur noch Ausgrenzung, Benachteiligung und Einsamkeit erleidet, ist überzogen. Und es ängstigt ihr Kind. Viele Eltern sehen zudem ihren Wunsch dahinschwinden, einmal Enkelkinder zu bekommen. Das ist eine egoistische Sichtweise. Außerdem können homosexuelle Paare ebenfalls ein Kind großziehen. Häufig sind die Probleme, die Eltern mit der Homosexualität des Kindes haben, selbstgemacht. Sie haben wenig mit der Realität des Kindes zu tun. Dieses hat sich freiwillig für diesen Lebensentwurf entschieden, um damit glücklich zu werden. Alle Eltern haben Ängste um das Wohlergehen ihres Kindes. Da macht es keinen Unterschied, welche sexuelle Orientierung es hat. Sind Ihre Sorgen dennoch groß, ist es wichtig, dass Sie mit Ihrem Kind darüber sprechen. Nur, wenn sich Ängste aussprechen lassen, gelingt es, sie abzubauen und zu überwinden. Nur dann können Sie Ihrem Kind wirklich helfen, wenn es Schwierigkeiten mit der Homosexualität oder Transsexualität hat.

- Versuchen Sie bitte nicht, Ihr Kind „umzupolen". Nehmen Sie es so an, wie es ist. Schenken Sie ihm Anerkennung, vermitteln Sie ihm das Gefühl, dass es sich Ihrer Liebe, Achtung und Zuneigung sicher sein kann. Stärken Sie sein Selbstbewusstsein, indem Sie den Umgang mit dem gleichgeschlechtlichen Partner als etwas Normales betrachten. Freuen Sie sich, wenn es glücklich ist.

- Wenn Sie mehr Erfahrungsberichte von anderen Eltern lesen wollen, können Sie sich auf der Webseite der BEFAH umsehen. Diese ist sehr hilfreich.

Das können Sie konkret für Ihr homosexuelles oder trans* Kind tun

Ermuntern Sie Ihr Kind, Kontakt zu anderen homosexuellen Jugendlichen aufzunehmen. Zum Beispiel im Internet oder durch eine lesbisch-schwule Jugendgruppe. Wenn es keinen Kontakt zu Gleichgesinnten hat, kann es womöglich das Gefühl bekommen, „der oder die Einzige zu sein". Geht Ihr Kind noch in die Schule, sollten Sie herausfinden, ob dort bereits bekannt ist, dass es homosexuell/trans* ist. Wenn ja, finden Sie heraus, ob es deshalb Probleme gibt. Sprechen Sie Ihr Kind auf die Homosexualität oder Transgeschlechtlichkeit an. Unterstützen Sie es, bei allem, was notwendig ist. Sprechen Sie mit dem Elternbeirat, den Lehrkräften und anderen Bezugspersonen. Wenn es um das Coming-out geht, ist es wichtig, dass Sie mit Ihrem Kind absprechen, wer es von den Freunden/Freundinnen, Bekannten, Familienmitgliedern oder Nachbarn erfahren soll. Es ist nämlich nicht alleine Ihre Entscheidung als Eltern. Außerdem kann ein „Zwangsouting" für Ihr Kind sehr unangenehm werden. Möglicherweise wirkt sich das sogar negativ auf das Vertrauensverhältnis aus. Respektieren Sie es, wenn Ihr Kind nicht will, dass jemand anderes es weiß. Vielleicht will es seine Homosexualität auch nur wenigen Ausgewählten erzählen. Lassen Sie sich jedoch nicht von Ihrem Kind zu einem Bekenntnis drängen. Wenn Sie sich nicht dazu bereit fühlen, ist das in Ordnung. Es ist vielleicht keine einfache Situation für Sie. Und Ihr Kind muss Ihre Emotionen genauso akzeptieren und respektieren wie Sie die Ihres Kindes.

Können Sie frühzeitig bemerken, ob Ihr Kind besonders ist?

Wie bereits erwähnt, gibt es nicht immer eindeutige Zeichen, die für eine gleichgeschlechtliche Orientierung bei Ihrem Kind sprechen. Denn heute werden klassische Stereotypen und Rollenbilder durchbrochen, und das bereits im Kindesalter. Bei trans* Kindern ist es etwas anders. Hier berichten einige Eltern, dass sie schon relativ früh bemerkt haben, dass etwas anders ist. Etwa ab dem fünften Lebensjahr zeigt sich bei einigen Kindern bereits ein Unwille, sich geschlechtsspezifisch zu kleiden und zu verhalten. Das Kind wird sich dann immer mehr durchsetzen und weibliche oder männliche Äußerlichkeiten nicht mehr akzeptieren. Das muss sich aber nicht nur äußerlich zeigen. Viele trans* Kinder bevorzugen Spielkameraden des anderen Geschlechts und verhalten sich oft auch eher wie das andere Geschlecht (z. B. haben sie eher jungenhafte oder mädchenhafte Interessen, Musikgeschmack, Hobbys). Doch nicht immer ist das Verhalten eindeutig. Und wie bereits erwähnt, gibt es Kinder, die nicht trans* sind, auch wenn sie sich geschlechtsuntypisch verhalten.

Dass sich Ihr Kind dem angeborenen Geschlecht nicht zugehörig fühlt, können Sie nur dann eindeutig feststellen, wenn Sie mit ihm/ihr darüber offen reden. Haben Sie einen konkreten Verdacht, können Sie Ihrem Kind queere Aufklärungsbücher kaufen, ein Thema aus den Medien aufgreifen oder das Thema trans* und Homosexualität beim Abendessen ansprechen. Es gibt viele Möglichkeiten, wie Sie Ihrem Kind näherkommen können. Und wenn es sich bestätigt, dass sich Ihr Kind nicht mit seinem biologischen Geschlecht identifiziert, dann sollten Sie ihm zeigen, dass es weiterhin Ihr Kind bleibt. Egal, ob es eine Tochter oder ein Sohn für Sie sein will. Ihr Kind bleibt einfach Ihr Kind!

Mein Kind ist trans*: Sind sie sich schon sicher, dass Ihr Kind trans* ist, dann haben Sie eine wichtige Aufgabe. Sie müssen sich mit allen Begriffen und der ganzen Thematik vertraut machen. Dazu gehören neben einer psychiatrischen Begleitung das Informieren über medizinische Möglichkeiten wie Hormontherapie und Geschlechtsangleichung, Transsexualität, Transidentität, Transgender. Aber auch das Einholen von juristischen Verfahren zu Namensänderung, neuer Pass, trans* Rechte etc. Ihr Kind kann das nicht alles alleine bewältigen. Es muss schon genug durchmachen. Denn als trans* Kind lastet viel Druck auf ihm. Viele trans* Kinder fühlen sich durch Ihr Besonders-Sein innerlich zerrissen. Zudem lastet ein großes Unwohlsein mit dem eigenen Körper und der Sexualität auf ihnen.

Weitere Hilfe und Unterstützung bei Beratungsstellen einholen

Viele Beratungsstellen und selbstorganisierte Gruppen sind von und für LGBTA* Menschen gegründet worden. Darunter befinden sich viele Stellen, die sich mit ihren Angeboten auch gezielt an die Eltern wenden. Aber auch Einrichtungen, die kein spezielles Angebot für Eltern haben, können Sie als erste Anlaufstelle nutzen. Denn diese haben natürlich ebenfalls ein offenes Ohr. Zudem können Sie Ihnen weitere Kontakte in der Region vermitteln. Gehen Sie aktiv auf diese Vereine und Organisationen zu. Gerne gemeinsam mit dem eigenen Kind.

Jugendgruppen für homosexuelle Jugendliche sind für diese Kinder wichtig. Sie sollten Bestandteil ihrer Freizeitgestaltung sein. Im sicheren Rahmen können sie sich dort mit gleichaltrigen, homosexuellen Kindern austauschen und neue Freundschaften knüpfen. Zudem können solche Gruppen zu einem Coming-out ermutigen und das Selbstbewusstsein Ihres Kindes stärken. Solche Gruppen gibt es in vielen Gemeinden und jeder größeren Stadt. Sie enthalten ein umfassendes Veranstaltungsprogramm. Zudem finden dort regelmäßig Gruppentreffen und Diskussionsabende statt. Auch Freizeitaktivitäten wird gemeinsam nachgegangen. Selbstverständlich gibt es zudem Beratungs- und Aufklärungsstellen, wo Sie und Ihr Kind sich über gesundheitliche und sexuelle Themen informieren können.

Mittlerweile werden viele Eltern von homosexuellen oder trans* Kindern selbst aktiv. Sie treten für ihre Kinder und andere junge Homosexuelle ein und tragen zum Abbau von Vorurteilen und Benachteiligung bei. Sie können sich auch engagieren. Engagement beginnt in der Familie, im Freundeskreis, im Elternbeirat an der Schule oder durch eine Elterninitiative.

- Der Bundesverband der Eltern, Freunde und Angehörigen von Homosexuellen (BEFAH) ist der wichtigste Ansprechpartner. Unter diesem sind die meisten Angehörigen und Elterngruppen organisiert. Dort finden Sie eine Liste mit vielen Vereinen vor, die schon länger existieren. Viele von ihnen setzen sich mit dem Thema trans* auseinander, auch wenn dies nicht spezifisch aufgeführt ist. Schauen Sie einfach einmal auf deren Website. Die BEFAH Hauptgeschäftsstelle befindet sich in Welver. Sie ist unter der Telefonnummer: 02384-54246 oder www.befah.de zu erreichen.

- pro familia bietet Beratungsangebote zu allen Aspekten von Sexualität und Sexualpädagogik. Die bundesweiten pro familia-Beratungsstellen können ebenfalls eine erste Anlaufstelle sein. Denn der Verband ist allen sexuellen Identitäten und Orientierungen gegenüber offen. Zu erreichen ist pro familia unter www.profamilia.de.

- Queerhandicap e.V. ist ein weiterer, bemerkenswerter Verein. Er wurde von Lesben, Schwulen, Bisexuellen und Transgender mit Behinderungen oder chronischen Erkrankungen gegründet. Schwerpunkte sind die Beratung von LGBT* Kindern und Erwachsenen mit Behinderung. Dort werden zudem zahlreiche Projekte, Treffen und Initiativen organisiert. Zu erreichen unter info@queerhandicap.de und www. queerhandicap.de.

- Homosexuelle und Kirche e.V. ist ein Verein, der sich an LGBT* und queere Menschen richtet, die am kirchlichen und gesellschaftlichen Leben teilnehmen. Dort wird sich u. a. für den Abbau von Vorurteilen gegenüber und Diskriminierung von LGBT* innerhalb der Kirchen eingesetzt. Es gibt dort Beratung, Treffen in Arbeits- und Regionalgruppen und weitere Hilfe. Zu erreichen unter: 0911 80197728, buero@ huk.org und www.huk.org.

- QUEER LEBEN unterstützt Sie zu allen Fragen rund um Geschlecht und geschlechtliche Identität, zu inter- und transgeschlechtlichen und queeren Lebensweisen. Die Beratungsstelle steht Familien, Angehörigen und Partner/innen offen. QUEER LEBEN ist zu erreichen unter: 030/6167 529 10, mail@queer-leben.de, www.queer-leben.de.

- Anfang 2012 gründeten Eltern wegen zahlreicher negativer Erfahrungen die Selbsthilfegruppe Trans-Kinder-Netz. Sie nennt sich TRAKINE und ist ein eingetragener Verein. Dort finden Sie als Eltern eine große Informationssammlung und -aufbereitung vor. Auch können Sie sich dort mit anderen über Erfahrungen mit KITAs, Schulen usw. austauschen. Kinder erhalten dort Kontakt zu anderen queeren Kindern. Zu erreichen unter: info@trans-kinder-netz.de, elternberatung@ trans-kinder-netz.de und www.trans-kinder-netz.de.

- Weitere Informationen zu dem Thema gibt es zudem bei www.queerformat.de/elternbroschuere und www.queer.de.

Grenzen setzen lernen und Nein sagen

Historisch gesehen wurden Kinder über viele Jahrzehnte als Eigentum der Eltern betrachtet und dementsprechend so behandelt. Ihre persönlichen Grenzen und ihre Integrität spielten keine Rolle. Erst, als die UN-Kinderrechtskonvention im Jahr 1990 in Kraft trat und von zahlreichen Staaten unterzeichnet wurde, änderte sich das.

Wenn wir darüber nachdenken, wie Kindererziehung früher ablief, so wurde Kindern oft die Rolle des Opfers zugeteilt. Die Eltern hatten die Macht und es war so gut wie nicht möglich, sich der Opferrolle zu entziehen. Zum Glück sind diese Zeiten mittlerweile vorbei. Moderne Erziehung begrüßt den freien Willen und die Integrität der Kinder. Zwar schützen diese nicht automatisch vor Übergriffen. Aber: Kinder, die gelernt haben, sich abzugrenzen, und ihre persönlichen Grenzen definieren können, wissen, was sie wollen und was nicht. Sie sind in einem hohen Maß dazu in der Lage, ein klares Ja oder Nein auszusprechen. Wenn Sie Ihren Kindern ein gesundes Selbstwertgefühl und ein hohes Maß an Selbstrespekt vermitteln, schützen Sie diese bereits enorm vor Übergriffen von außen. Hier kommt es häufig zu einer Diskussion über Kindererziehung. Viele Eltern sind der Meinung, sie müssen ihren Kindern Grenzen durch Regeln und Verbote setzen. Das hat aber wenig mit vorbeugender Erziehung zu tun. Solche Grenzen sind in diesem Zusammenhang von geringer Bedeutung. Für die Fähigkeit von Kindern, sich abzugrenzen, und für ihre persönlichen und sozialen Grenzen ist es eher wichtig, dass Sie als Vorbilder fungieren. Denn, wenn Sie als Eltern Ihre eigenen Grenzen ernst nehmen, lernen auch Ihre Kinder eigene Grenzen zu entdecken und zu achten. Zudem respektieren sie die persönlichen Grenzen anderer Menschen mehr. In jeder Hinsicht entwickeln sie eine gesunde Autorität, die sie gegen Übergriffe und Druck von außen immun macht. Klingt in der Theorie einfach, ist aber im wahren Leben eine Herausforderung.

Als Eltern tun Sie Ihren Kindern einen großen Gefallen, wenn selbst Nein sagen können, weil Sie damit zu Ihren eigenen Gefühlen und/oder Überzeugungen Ja sagen. Sie handeln also nicht nur strikt danach, was der Mainstream sagt, sondern Sie leben Ihre persönliche Integrität. Und damit sind Sie ein hervorragendes Beispiel für Ihren Nachwuchs. Es geht also darum, dass Sie Verantwortung für Ihre individuelle Existenz übernehmen. Persönliche Verantwortung ist nämlich das, was die Kinder von Ihnen lernen müssen.

Je mehr Sie als Eltern die Kunst zum inneren Nein erlernen, umso nachhaltiger stärken Sie die persönliche und soziale Immunabwehr Ihres Sohnes oder Ihrer Tochter. Selbstverständlich bejahen Sie dafür auch die individuelle Existenz des Kindes. Und zwar von ganzem Herzen. Das ist zweifellos ein Langzeitprojekt. Aber es funktioniert.

Und jetzt kommt der Umkehrschluss. Sie müssen nicht nur auf Ihr inneres Nein hören, sondern auch das der Kinder akzeptieren, tolerieren und respektieren. Wenn Sie das tun, stärkt das Ihre Kinder, Grenzen zu wahren und zu vertreten. Und genau das beinhaltet es, die Integrität des Nachwuchses zu achten. Es ist ungemein wichtig, dass Sie die elementaren Bedürfnisse des Kindes anerkennen. Wie geht das in der Praxis? Beobachten Sie Ihr Kind von der Geburt an. Sie werden dann Grenzen ohne viel Worte kennenlernen. Beispiel: Sie umarmen Ihr Kind und nach einer kurzen Zeit schaut es weg, dann bedeutet das: Das reicht mir jetzt! Wenn Sie dieses Zeichen verstehen und respektieren, ist alles gut. Überschreiten Sie die Grenze, dann wird Ihr Kind vielleicht zappelig und macht seinen Unmut mit Gesten kund, um zu sagen: „Ich brauche jetzt wirklich eine Pause, ich will nicht mehr." Sollten Sie auch diese Grenze überschreiten, wird Ihr Kind vermutlich anfangen zu schreien. Neben dem Beobachten der eigenen Kinder, geht es auch darum, sich selbst kritisch zu hinterfragen. Denn ein Kind wird es Ihnen sofort signalisieren, wenn Grenzen überschritten wurden. Wer dies nicht respektiert, wird Kinder großziehen, die sich komplett in ihre innere Welt zurückziehen, sich isolieren und nicht für sich einstehen oder Nein sagen können.

Manchmal, wenn ein Kind rebelliert, was sein gutes Recht ist, und zeigt, dass es mit etwas nicht einverstanden ist (Beispiel: Es will jetzt nicht mit Ihnen einkaufen gehen, aber Sie müssen es mitnehmen, da es nicht alleine bleiben kann etc.), dann steht es Bedürfnis gegen Bedürfnis. Es ist auf jeden Fall gut, dass Ihr Kind sein Bedürfnis zum Ausdruck bringt. Da Sie nichts an der Situation ändern können, geht es im nächsten Schritt darum, das Bedürfnis des Kindes wertzuschätzen. Sie können ihm mitteilen: „Ich finde es gut, dass du mir sagst, du willst nicht mitkommen, sonst hätte ich das gar nicht gewusst." Auf diese Weise lernt Ihr Kind, dass sein „NEIN" gehört wird und eine Relevanz erfährt. Das heißt nicht, dass Sie dem Wunsch nachkommen müssen. Erklären Sie ihm mit klaren Worten, warum das nicht geht, und beenden Sie danach das Gespräch. Allein die Tatsache, dass Sie Ihrem Kind zugehört und sein Nein verstanden haben, wird ihm helfen, sich in Zukunft weiter zu trauen, Nein zu sagen.

Einige Kinder haben Probleme, ihre Bedürfnisse auszudrücken. Sie lassen sich oft zu Dingen überreden, die sie hinterher bereuen. Oder sie fühlen sich genötigt, Ja zu sagen, wenn sie Nein meinen. Sie passen ihre Meinung anderen Menschen an und spüren dabei kaum noch, was ihnen selbst wichtig ist. Sie können Ihre Kinder diesbezüglich stärken. Das fängt bereits im Kleinkindalter an. Denn zuerst überschreiten Kinder die Grenzen der Eltern andauernd. Das ist auch wichtig für sie, denn sie müssen zuerst begreifen, was Grenzen überhaupt sind. Hier müssen Sie Grenzen setzen, und auch dabei bleiben. Wenn Ihr Kind mit Ihnen spielen will und Sie gerade beschäftigt sind, sagen Sie: „Ich kann jetzt nicht, ich spiele später mit dir." Und Sie bleiben dabei, wenn es wieder kommt. Auch, wenn das Kind darauf möglicherweise enttäuscht reagiert, wird es dadurch nicht verletzt. Es wird die Grenze aufnehmen und integrieren.

Stärken Sie auch immer wieder das Selbstwertgefühl. Vor allem in der Pubertät wird das Kind auf positives Lob angewiesen sein. Ihre Anerkennung spielt in dieser Zeit eine große Rolle. Achten Sie darauf, dass Ihr Lob immer authentisch ist. Loben Sie vor allem Bemühungen und Verhalten, anstatt nur Noten oder Erfolge. Die innere Stärke des Kindes bauen Sie auch auf, wenn Sie Ihrem Kind zeigen, dass Fehler, Niederlagen und Misserfolge ein Teil des Lebens sind. Dann fällt es ihm leichter, mit Problemen umzugehen.

Noch einmal zusammengefasst:

Ich darf Nein sagen: Kinder dürfen Nein sagen, egal, in welchem Alter. Zeigen Sie ihnen, dass es nicht schlimm ist, wenn sie etwas ablehnen. Natürlich können Sie dem Nein des Kindes nicht immer nachkommen. Aber Ihr Kind darf seine Meinung sagen.

Was ich fühle, ist richtig: Kinder sollen wissen, dass ihre Gefühle wichtig und richtig sind.

Ich darf entscheiden, welche Berührung ich möchte: Das ist ein ganz wichtiges Thema. Und das sollten Sie schon sehr früh in der Kindheit vermitteln. Kinder dürfen Berührung ablehnen. Wenn sie etwas nicht wollen, müssen sie sich das nicht gefallen lassen. Das fängt bei den feuchten Bussis von Omas an und hört bei absoluten Tabu-Berührungen an Penis und Vulva auf.

Schlechte Geheimnisse darf ich weitererzählen: Geheimnisse, die Ihrem Kind Bauchweh bereiten und erzwungen sind, sind keine guten Geheimnisse. Machen Sie ihm klar, dass es diese dann weitererzählen darf. Das hat nichts mit petzen, sondern mit Hilfe holen zu tun.

Ja, ich kann immer Hilfe holen: Sie können Ihren Kindern nicht oft genug sagen, dass sie sich immer Hilfe holen dürfen. Egal, was sie belastet. Denn gemeinsam mit Erwachsenen lässt sich leichter eine Lösung finden. Und machen Sie Ihren Kindern unmissverständlich klar, dass diese nichts für die Handlungen von Erwachsenen können.

Vor sexueller Gewalt schützen

Sexuelle Gewalterfahrungen kommen leider immer noch in einer erschreckend hohen Zahl vor. Statistiken der Bundeszentrale für Gesundheitliche Aufklärung zeigen, dass sich eines von vier Mädchen zwischen 14 und 25 mindestens einmal gegen unerwünschte sexuelle Annäherungen zur Wehr setzen musste. Das Risiko sexueller Übergriffe ist also weiterhin groß. Es gibt sogar in den letzten Jahren eine negative Entwicklung. Denn sexuelle Gewalterfahrungen führen häufiger als in früheren Jahren bis hin zum erzwungenen Geschlechtsverkehr. Nur jedem zweiten der betroffenen Mädchen gelingt es, ungewollte sexuelle Handlungen erfolgreich abzuwehren. Erschreckend ist auch, dass es immer wieder Mädchen gibt, die berichten, von ihrem ersten Sexualpartner (in der Regel jemand, den sie kaum kennen) unter Druck gesetzt worden zu sein. Wie können Sie hier schützend und vorbeugend eingreifen?

Auch Jungen können zu Opfern sexueller Gewalt werden. Etwa jeder fünfte Junge wurde bereits einmal verbal oder handgreiflich sexuell belästigt. Kein Akt der sexuellen Gewalt bleibt ohne Folgen. Auch, wenn dieser nicht immer eine tiefe Traumatisierung mit sich zieht, so ist ein solcher Gewaltakt doch etwas, dass Ihr Kind im Innern tief berührt und verletzt. Jugendliche, die anfangen, sexuell aktiv zu werden, sind deshalb besonders schutzbedürftig.

Sexuelle Gewalt muss nicht immer körperlich erfolgen. Sie kann auch eine subtile Drohung oder ein anderes Druckmittel beinhalten. Sie fängt als Belästigung an, sobald jemand einen anderen am Po, den Genitalien oder Brüsten berührt und das gegen den Willen passiert. Ebenfalls zu sexueller Gewalt zählt es, wenn Erwachsene Kinder dazu zwingen, andere Erwachsene anzufassen, oder wenn sie beim Sex von Erwachsenen zuschauen müssen. Auch wenn sich jemand vor Ihrem Kind selbstbefriedigt, ist das sexuelle Gewalt. Eine besonders schwere Form ist die Vergewaltigung. Sie kann sowohl oral als auch vaginal oder anal vollzogen werden. Da viele Kinder heute das Internet nutzen, haben sich zahlreiche sexuelle Gewaltdelikte dorthin verlagert. In Chatrooms oder über Apps suchen Täter gezielt nach Kindern und Jugendlichen und belästigen diese mit pornografischen Bildern und obszönen Aussagen. Sie versuchen zudem, die Kinder zu einem realen Treffen zu überreden. Für Eltern ist das natürlich eine düstere und Angst machende Welt.

Erfahrungsgemäß fällt es Kindern, die Opfer von sexueller Gewalt geworden sind, schwer, darüber zu reden. Sie wissen nicht, wem sie sich anvertrauen können, und schämen sich, sich nicht ausreichend zur Wehr gesetzt zu haben. Oder sie empfinden starke Schuldgefühle. Nicht wenige von ihnen fliehen in ein Schweigen. Hinzu kommt, dass die Täter die Opfer unter massiven Druck setzen. Sie drohen, dass etwas Schlimmes passiert, wenn sie es den Eltern erzählen.

Nehmen Sie Ihr Kind deshalb ernst und werden Sie sofort hellhörig, wenn es irgendetwas erwähnen sollte, das in diese Richtung geht. Sobald es Andeutungen macht, sind Sie in der Pflicht, Ruhe zu bewahren, Ihrem Kind zuzuhören und ihm auch zu glauben. Oft ist der Täter oder die Täterin jemand, der in der Familie bekannt ist. Es ist sogar so, dass die überwiegende Mehrheit der Täter aus dem näheren sozialen Umfeld stammt. Glauben Sie nicht, dass Übergriffe nachts im Wald passieren. Das sind Einzelfälle. Unternehmen Sie nichts vorschnell, entscheiden Sie gemeinsam mit Ihrem Partner/Ihrer Partnerin und dem Kind, was zu tun ist. Holen Sie sich zudem unbedingt Unterstützung bei Beratungsstellen.

Vorbeugende Maßnahmen, die Sie ergreifen können, sind, offene Gespräche über das Thema zu führen und Merkmale aufzuzählen, die auf einen Täter oder eine sexuelle Tat schließen könnten, sodass Ihre Kinder diese rechtzeitig erkennen können. Zudem können Sie das Selbstbewusstsein Ihres Kindes stärken, indem Sie es zu einem Selbstverteidigungsseminar schicken. Vor allem für Mädchen ist das sinnvoll. Sie lernen dort praktische Handgriffe kennen, mit denen sie sich im Ernstfall gut verteidigen können. Auch die Sexualerziehung, die Sie als Eltern leisten, trägt zum Schutz Ihrer Kinder bei. Wenn Mädchen und Jungen aufgeklärt wurden, wissen sie, was in Ordnung ist und was nicht. Zudem wird es ihnen dann leichter fallen, Schambehaftetes und Peinliches anzusprechen.

Bei all dem, was Sie jetzt gelesen haben, fangen Sie vielleicht an, ängstlich zu werden. Doch Angst ist kein guter Begleiter. Vor allem dann nicht, wenn Sie diese an Ihre Tochter oder Ihren Sohn weitergeben. Sie können Ihren jugendlichen Kindern auch nicht alles verbieten. In diesem Alter gehört es dazu, sich abends mit Freunden und Freundinnen zu treffen, in die Disco zu gehen oder woanders zu schlafen. Wenn Sie dann in Alarmbereitschaft gehen, hilft das nicht weiter. Als Mutter fallen Ihnen in diesem Zusammenhang sicher zahlreiche Warn-Botschaften ein, wie „Pass bloß auf dich auf". Hier wird es nicht leicht sein, in der Balance zu bleiben. Denn Sie dürfen und sollten Ihre Sorgen ausdrücken, nur sollten Sie nicht zu überängstlich sein. Das wird von Ihren Teenagern nur belächelt. Auch ein zu dogmatisches Auftreten ist nicht förderlich. Stimmen Sie lieber gemeinsam mit Ihrem Sohn oder Ihrer Tochter ab, wann diese nach Hause kommen und wie sie erreichbar bleiben sollen. Bitten Sie Ihre Tochter, nachts nicht alleine nach Hause zu gehen, sondern ein

Taxi zu nehmen. Auch können Sie sich mit anderen Eltern verständigen und ein Eltern-Taxi ins Leben rufen.

Alle Regelungen, die Sie in diesem Zusammenhang gemeinsam mit Ihrem Kind aufstellen, sind sinnvoll. Sie ermöglichen dem Nachwuchs ein selbstständiges Leben mit Freiräumen, ohne dass Sie auf das Aussprechen von Grenzen verzichten müssen.

→ Dass Sie sich Sorgen machen, wenn Ihre Kinder in der Pubertät beginnen, abends wegzugehen, ist verständlich. Verstecken Sie diese Gefühle nicht und reden Sie ganz sachlich und ehrlich mit Ihren Kindern darüber. Vermeiden Sie dabei Angstmacherei. Sie können aber Ich-Botschaften formulieren, in denen Sie Ihre Sorgen mitteilen. Hören Sie sich im Gegenzug auch an, was Ihre Kinder zu sagen haben. Und vertrauen Sie darauf, dass Kinder in der Regel verantwortlicher handeln, als Sie das denken.

Abends weggehen: Wie lange?

Fragen Sie sich zuerst, was Ihnen als Eltern wichtig ist. Nach welchen Parametern entscheiden Sie, wann Ihr Kind nach Hause kommen soll? Haben Sie Angst, dass ihm etwas passiert? Wollen Sie nicht, dass Ihr Kind mit seinen Freunden/Freundinnen zusammen ist? Oder leben Sie nach Regeln wie „So war es auch bei uns"? Möglicherweise steht die Sicherheit an erster Stelle. Haben Sie Vertrauen in Ihre Kinder und die Freunde/Freundinnen. Ihre Anweisung an Ihre Kinder sollte lauten: „Ich möchte nicht, dass ihr alleine nach Hause kommt. Bleibt bitte immer in der Gruppe." Und was die Uhrzeit betrifft, sollten Sie das nach Ihrem Bauchgefühl entscheiden. Ein 13-jähriges Kind nach 23 Uhr noch unterwegs sein zu lassen, ist sicher keine richtige Entscheidung. Jugendliche ab 15 oder 16 Jahren dürfen aber schon mal bis Mitternacht wegbleiben. Zum Beispiel, wenn sie auf dem Geburtstag eines Freundes/einer Freundin sind. Kommt es zu Regelbrüchen während des Weggehens, zum Beispiel, wenn Ihr Kind Drogen nimmt, übermäßig Alkohol trinkt, oder sich bekifft, bedarf es eines Gesprächs. Dann geht es daran, erneut Grenzen zu setzen. Das Ziel dieses Gesprächs sollte nicht sein, Stress abzuarbeiten und ihm Strafen und Verbote zu erteilen. Viel besser ist es, im Dialog dem Kind aufzuzeigen, was Drogen für Wirkungen und Nebenwirkungen haben und wie ein vernünftiger Umgang mit Alkohol und Rauschmittel aussieht. Denn Ausprobieren wird das Kind diese erst recht, wenn Sie ihm das verbieten. Wenn es aber frei in seiner Entscheidung und informiert und aufgeklärt genug ist, was Drogen für Folgen haben können, wird es in Zukunft über sein Handeln sehr genau nachdenken. Natürlich sind solche Gespräche nicht leicht zu führen. Denn als Eltern sind Sie wütend, verängstigt und machen sich Sorgen. Doch seien Sie sich sicher: Ihrem Kind geht es sowieso schon mies deswegen. Es weiß, dass es etwas Dummes getan hat. Und es wird sich dafür schämen.

→ Fragen Sie sich einmal, warum Sie Empörung oder moralische Bedenken verspüren, aber nicht das Vertrauen haben, dass Ihr Kind mit Drogen, Alkohol & Co. umgehen kann. Häufig kommt hier Ihre eigene Biografie ins Spiel. Gerade in der Pubertät sind Ihre Kinder eine permanente Erinnerung an Ihre eigene Entwicklung. Die Ängste, die Sie spüren, schwächen oft Ihre Verhandlungsposition.

Sonstige Tipps

Jugendliche in der Pubertät verstecken sich oft hinter provokanten Aussagen, wenn es um das Thema Sex geht. Oft handelt es sich dabei aber um offene Fragen. Denn selbst, wenn die Kinder nicht immer direkt mit Ihnen über Sexualität reden, so kommen die Dinge, die sie beschäftigen, dennoch zur Sprache. Allerdings indirekt. Pubertierende „codieren" ihre Aussagen und Fragen zum Thema Sex nämlich gerne. Die codierten Aussagen können auf Sie möglicherweise ärgerlich, provokant, demütigend oder grenzüberschreitend wirken. Zum Beispiel kann Ihr Sohn eine sexuell abwertende Bemerkung über Frauen machen. Oder Ihre Tochter macht das Thema Sexualität lächerlich. Wenn Sie diese Verhaltensweisen bemerken, lassen Sie es nicht zu einem Konflikt kommen. Hören Sie stattdessen genauer hin. Was will Ihnen Ihr Kind eigentlich mitteilen? Oft sind abwertende Bemerkungen und codierte Aussagen ein Hinweis darauf, dass etwas zum Thema Sexualität sehr präsent und verunsichernd für Ihr Kind ist. Dahinter stehen Fragen wie: „Stimmt das, was ich bereits gesehen oder gehört habe?", „Welche Erwartungen gibt es an mich?", „Wie kann ich diesen gerecht werden?", „Was ist Sex eigentlich?", „Warum ist Verhütung so wichtig?". Diese Bemerkungen schließen also auf Unsicherheiten. Und davon gibt es in der Pubertät eine ganze Menge. Denn schließlich müssen sich Jugendliche mit einem ganz neuen Körper und Körpergefühl befassen und damit zurechtkommen. Sie müssen akzeptieren, dass sie wie Erwachsene aussehen und auch immer mehr so wahrgenommen werden. Das macht durchaus Angst. Zudem müssen sie ein neues Selbstbewusstsein und eine eigene Persönlichkeit entwickeln.

Neben provokanten Aussagen machen Kinder Dinge, um ein Zeichen zu setzen. Zum Beispiel, wenn Sie ins Zimmer Ihres Sohns gehen und ihn erwischen, wie er gerade einen Porno ansieht, dann ist das eine provokante Aktion. Wahrscheinlich will er erwischt werden und mit Ihnen darüber sprechen. Ansonsten hätte er die Tür abgeschlossen oder auf andere Weise dafür gesorgt, dass Sie nichts mitbekommen. Machen Sie deshalb erst mal die Tür wieder zu und lassen Sie ihn in Ruhe. Später sollten Sie aber auf jeden Fall das Gespräch suchen.

→ Wenn Sie das Gefühl haben, Ihr Kind will Ihnen nicht richtig zuhören oder Sie provozieren, denken Sie daran: Ihr Kind hat Interesse daran, mit Ihnen zu sprechen und in Kontakt zu sein. Es will auch, dass Sie sich aufrichtig für seine Belange interessieren. Nur mag es nicht ausgefragt werden. Laden Sie es zu einem Gespräch ein und erzählen Sie von Ihren Sorgen und Ihrem Alltag. Es gehört dazu, dass es hin und wieder zu einer Diskussion oder sogar einem Streit kommt. Doch die Konfrontation ist genauso wertvoll wie der Dialog. So lernt Ihr Kind, sich abzugrenzen und die Grenzen von Erwachsenen zu verstehen.

Kinder und Internet/Medien – wie Sie Ihre Kinder schützen können

Eine Frage, mit der sich heute viele Eltern beschäftigen, ist, wie sie ihre Kinder im Umgang mit dem Internet und den sozialen Medien schützen können. Das Internet ist allgegenwärtig und der Kontakt mit Tablets, Smartphone & Co. lässt sich nicht vermeiden. Ab dem Grundschulalter beginnen Ihre Kinder, sich intensiv mit diesen Medien auseinanderzusetzen. Zu Hause und in der Schule lernen sie, mit Smartphone, Tablet und Computer umzugehen. Sie sehen öfter fern, gehen ins Kino und beginnen, im Internet zu surfen. Auf diese Weise kommen sie mit verschiedensten Themen in Verbindung. Sie als Eltern können das nicht immer verhindern.

Selbst das Fernsehen strahlt Inhalte aus, die nicht immer kind- und jugendgerecht sind. Ein Beispiel: Sie sind abends unterwegs und Ihre Kinder schauen heimlich fern. In einer Sendung geht es um Sex. Später im Bett denken die Kinder über das nach, was sie gesehen haben. Je nach Alter fragen sie sich, ob ihre Eltern wohl die gleichen Dinge tun. Oder sie finden das Gesehene eklig. Sind die Kinder schon älter, sind erotische Themen für sie sehr interessant. Das, was sie gesehen haben, nutzen sie, um am nächsten Tag in der Schule mit ihrem Wissen zu prahlen. Wieder andere Kinder sind begeistert von der ungewollten Aufklärung.

Als Eltern sollten Sie wissen, dass Ihre Kinder tagtäglich mit Sexualität, Erotik und anderen Themen konfrontiert werden. Das ist natürlich ein beunruhigendes Gefühl. Die Bedenken sind groß, dass sich das negativ auf die Kinder auswirkt. Aber Sie können sich ein bisschen entspannen. Denn Kinder verarbeiten sexuelle Bilder und Videos anders als Erwachsene. Oft übersehen sie vieles. Grundschulkinder verstehen auch nicht immer, was die Bilder, die sie sehen, bedeuten. Erotische Inhalte werden von ihnen als etwas abgespeichert, das mit Sex zu tun hat. Solange Kinder Sexualität nicht in Form eines Gewaltakts sehen, empfinden sie diese Bilder nicht als bedrohlich. Sexualtherapeuten glauben deshalb, dass das gelegentliche Betrachten von sexuellen Inhalten in der Entwicklung der Kinder keine Störungen hervorruft.

Anders ist das allerdings bei Gewaltdarstellungen. Handelt es sich bei dem, was die Kinder sehen, um Kriegsbilder, Nachrichten und brutale Filmszenen, fürchten sich die Kinder vor ihnen. Vor diesen Inhalten gilt es, die Kinder zu schützen. Doch wie lässt sich das bewerkstelligen? Zum einen sollten Sie Ihren Kindern einen kompetenten Umgang mit den Medien aufzeigen. Das beinhaltet das gemeinsame Ansehen von Fernsehsendungen, YouTube-Videos und Aufklärungsseiten. Unterhalten Sie sich immer über das, was sie gelesen und gesehen haben. Des Weiteren sollten Sie mit Ihren Kindern zusammen im Internet surfen und Ihnen zeigen, wie dieses funktioniert und worauf man beim

Surfen achten sollte. Fragen Sie Ihre Kinder, aus welchem Grund sie die Medien benutzen wollen, was sie interessiert und welche Eindrücke sie damit sammeln möchten. Vermeiden Sie Verbote. Es geht vielmehr darum, dass Sie sich stets als Ansprechpartner/in zur Verfügung stellen. Wenn Ihre Kinder Ihnen vertrauen, dann werden sie sich sofort an Sie wenden, sobald in den sozialen Medien, im Internet oder in einem Chat etwas Unverstandenes oder Ungewöhnliches auftaucht.

Definieren Sie auch Regeln, was die Internetnutzung und das Fernsehen betrifft. Das sollten Sie bereits tun, wenn das Kind noch klein ist. Auch die Inhalte, die das Kind ansieht, müssen von Ihnen kontrolliert werden. Hier ist es ganz wichtig, dass Kinder keine Filme oder Video-Games zocken, die für ihr Alter nicht freigegeben sind und dem Entwicklungsstand des Kindes nicht entsprechen.

Wenn Ihr Kind ins Teenageralter kommt, ist es für Sie natürlich schwerer, die Inhalte zu kontrollieren, die Ihr Nachwuchs online und im Fernsehen konsumiert. Doch bis zu diesem Zeitpunkt sollten Sie bereits viel Aufklärung (verantwortungsvolles Surfen) betrieben und auf mögliche Gefahren bestimmter Seiten hingewiesen haben.

Es gibt zudem ein paar technische Möglichkeiten zum Schutz der Kinder. Zum Beispiel können Sie Filterprogramme, Sicherheitseinstellungen, geschützte Surfräume und Jugendschutzprogramme auf dem Smartphone und Computer Ihres Kindes installieren. Diese blocken pornografische Inhalte und bestimmte Webseiten. Allerdings liefern diese Filterfunktionen keinen umfassenden Schutz. Beim Mailen oder Chatten sind die Filterprogramme zudem fast immer wirkungslos. Dennoch machen Filterprogramme zur Unterstützung Sinn. Aber eine Medienerziehung Ihrerseits werden diese Programme nicht ersetzen können.

Praktische Tipps zum Thema Mediennutzung

Fragen Sie Ihre Kinder, wie Ihre Freunde/Freundinnen Computer, Smartphone & Co. nutzen und was diese so alles ansehen. Die meisten Kinder haben heute ein Handy, ein Tablet und einen Computer. Machen Sie sich deshalb ein umfassendes Bild. Wenn Ihr Kind erzählt, dass Freunde/Freundinnen auf ihrem Smartphone pornografische Inhalte ansehen, sollten Sie eingreifen und mit den anderen Eltern darüber sprechen. Viele Jugendliche und Kinder verbreiten pornografische Inhalte aus Unwissenheit heraus. Sie sind oft noch so naiv, dass sie nicht wirklich verstehen, was sie da tun. So werden diese Inhalte oft über WhatsApp, soziale Medien oder E-Mails geteilt. Sollte Ihr Kind selbst pornografische Inhalte versenden wollen, sollten Sie es auf mögliche Konsequenzen hinweisen. Ihren Kindern ist garantiert nicht bewusst, dass dies weitreichende Konsequenzen, auch rechtliche, haben kann.

Lassen Sie Ihre Kinder zudem nur altersgerechte Kindersuchmaschinen verwenden. Diese gibt es tatsächlich, sie sind zudem kindgerecht aufgebaut. Falls Ihr Kind schon älter ist, können Sie bei Google, Firefox, Safari und anderen Suchmaschinen den „SafeSearch Filter" aktivieren. Beobachten Sie, wie viel Zeit Ihr Kind im Netz verbringt, und besprechen Sie mit Ihm, wie sinnig oder verschwenderisch die jeweilige Online-Aktivität ist. Am sinnvollsten ist es, wenn Sie gemeinsam mit Ihrem Kind Onlineregeln aufstellen. Dazu gehören im Besonderen Zeitvorgaben für den Medienkonsum sowie Verhaltensregeln (auch wenn Ihren Kindern etwas nicht richtig vorkommt). Hängen Sie die Verhaltensregeln sichtbar über dem Computer auf! Vereinbaren Sie, was passiert, wenn die Regeln nicht eingehalten werden. Natürlich sollten die Absprachen mit zunehmendem Alter der Kinder angepasst werden.

Vielen Kindern und Jugendlichen ist das Thema Sexualität unangenehm. Sie möchten in der Pubertät nicht immer mit ihren

Eltern darüber sprechen. Sie als Eltern können in diesem Fall das Internet als Wissensquelle für Ihr Kind nutzen. Stellen Sie Ihrem Kind Informationen über Artikel und Webseiten bereit, die in kindlicher Sprache auf verschiedenste Fragen eingehen und zur Aufklärung beitragen. Das Internet eignet sich dafür gut, weil dort umfassend und ausführlich Informationen mit Videos, Grafiken, Bildern und anderen interaktiven Inhalten verbreitet werden. Hervorragende Aufklärungsseiten für Jugendliche sind zum Beispiel: www.loveline.de, profamilia.sextra.de, www.maedchen-sprechstunde.de, www.herzklopfen.org, www.profamilia.sextra.de, www.kika.de oder www.liebe-lore.de. Aber auch österreichische Aufklärungsseiten wie www.rataufdraht.at, www.firstlove.at/fragen_koerper.htm, www.feel-ok.at, www.sexwecan.at.

- Empfehlungen für Medienkonsum bei Kindern zwischen elf und 13 Jahren: Rund 60 Minuten pro Tag. Bei Kindern ab 14 Jahren eignet sich die Absprache eines gemeinsam festgelegten Medienbudgets pro Woche. Statt einer täglichen Höchstgrenze könnten Sie eine maximale Anzahl an Stunden pro Woche gemeinsam festlegen oder Zeit bestimmten, die medienfrei ist.

- Eine Medien-Begleitung durch die Eltern bildet das Fundament für umfassenden Kinder- und Jugendschutz. Denn ältere Kinder fangen gezielt an, nach Inhalten zu suchen. Die Filter werden dann wirkungsloser. Jugendliche wissen auch, wie sie diese umgehen können.

- Sollten Sie oder Ihre Kinder auf jugendgefährdende oder strafbare Inhalte stoßen, können Sie das bei den Internetbeschwerdestellen www.jugendschutz.net oder www.internet-beschwerdestelle.de melden.

- Viele nützliche Informationen zum Surfen im Internet und wie sich Kinder schützen lassen, finden sich bei dem Medienratgeber SCHAU HIN. Dieser informiert Eltern zudem über aktuelle Entwicklungen der Medienwelt und gibt nützliche Tipps für den Kinder- und Jugendschutz bei der Mediennutzung.

Sichere Kindersuchmaschinen für Kinder bis zehn Jahren:

- Blinde Kuh
- FragFINN
- Helles Köpfchen
- seitenstark.de
- Meine Startseite

Für Kinder ab zehn Jahren:

- Google SafeSearch

Selbstdarstellung und Sexting: Das sollten Eltern wissen

Selbstdarstellung im Netz ist etwas, dass nicht nur Jugendliche tun. Aber sie tun es mehr als Erwachsene. Sie präsentieren sich und stellen Bilder von sich hoch, posten über Filme, Popkultur und Musik, geben Kommentare ab und erstellen Videos als Influencer. In den sozialen Medien wie Facebook und Instagram, aber auch in Gruppen-Chats und Messenger-Diensten ist die Selbstdarstellung durch das Hochladen von Selfies (meistens vor dem Spiegel) besonders groß. Fotos spielen überhaupt eine wichtige Rolle im Netz. Und diese müssen möglichst viel Aufmerksamkeit erregen. Ein normales Bild reicht oft nicht mehr aus. Viele Jugendliche greifen hier zu aufreizenden Posen mit entsprechender Kleidung. Diese machen sie allerdings angreifbar. Zumal diese Fotos per Screenshot ganz leicht weitergeleitet oder bearbeitet werden können. Der Snapchat, der bei jungen Leuten gerade populär ist, gibt vor, Fotos und Videos nach einmaligem Ansehen zu löschen. Doch auch hier gibt es Mittel und Wege diese zeitlich unbegrenzt abzuspeichern.

Das Gleiche gilt für Sexting. Der Begriff, der sich aus Sex und Texting zusammensetzt, beschreibt einen Trend unter Jugendlichen. Statt persönlich miteinander zu flirten, wird heute Sexting betrieben. Die Jugendlichen machen eine Nacktaufnahme oder ein erotisches Bild von sich und versenden dieses an eine/n Freund/in, einen Bekannten oder einen Schwarm. Dazu wird noch jede Menge Text ausgetauscht. Leider missbrauchen einige Kinder/Jugendliche das Vertrauen der Person, die das Nacktbild geschickt hat. Und sie veröffentlichen es ohne Zustimmung in Gruppen oder sozialen Netzwerken, teilen es in Foto-Communitys oder nutzen es zur Erpressung. In vielen Fällen werden die anzüglichen Bilder in naiver Weise als eine Art Liebes- oder Freundschaftsbeweis verschickt. Die Folgen, die daraus entstehen können, sind vielen Kindern nicht bewusst. Sind Bilder dieser Art einmal in Umlauf gebracht, lässt sich deren Verbreitung kaum stoppen. Es kann also nie ganz ausgeschlossen werden, dass Fotos Ihrer Kinder in falsche Hände geraten. Ganz zu schweigen davon, dass das Veröffentlichen und Teilen erotischer Fotos von Kindern illegal ist und rechtliche Konsequenzen hat. Was können Sie als Eltern tun?

Auch hier sollten Sie als Erstes ein Gespräch mit Ihrer Tochter oder Ihrem Sohn führen. Erklären Sie, dass sich Daten, die einmal im Internet veröffentlicht wurden, oft nicht mehr löschen lassen. Ihre Kinder sollten im Netz keine Fotos, Videos oder Chats posten, die ihnen zum Nachteil werden können. Stellen Sie eine Regel auf: Kinder dürfen nur solche Daten und Bilder hochladen, die jeder in der Schule sehen dürfte. Diskutieren Sie mit dem Nachwuchs, welche Selfies gepostet werden können. Klären Sie, was zu freizügig und was okay ist. Klären Sie auch, wem man wirklich vertrauen kann. Weisen Sie Ihren Sohn oder Ihre Tochter zudem daraufhin, dass er/sie sich durch das Versenden von Nacktbildern (auch von eigenen) strafbar machen kann. Ganz wichtig: Das Posten von Fotos oder Videos, die eine andere Person nachteilig darstellen, ist nicht erlaubt. Ermutigen Sie Ihr Kind, nicht alles, was es zu sehen bekommt, einfach weiterzuschicken, auch wenn das andere Kinder machen. Nutzt Ihr Kind bereits soziale Netzwerke und WhatsApp, sollten Sie die Einstellungen zum Schutz der Privatsphäre kontrollieren. Diese sind selten auf der sichersten Stufe eingestellt! Wenn Sie Ihr Kind einmal erwischen, wie es fragwürdige Inhalte oder Fotos postet, dann sollten Sie in Ruhe die möglichen Risiken erklären. Generelle Verbote sind wenig sinnvoll.

- Wenn Sie Unterstützung zur Aufklärung benötigen, dann finden Sie gute Aufklärungsvideos dazu auf: www.thatsnotcool.com und www.projuventute.ch.

- Die Gefahr vor sexueller Anmache in sozialen Netzwerken ist groß. Das fängt bei unerwünschtem „Anbaggern" durch Gleichaltrige an und geht bis hin zu direkten Aufforderungen von Unbekannten, intime Fotos von sich preiszugeben. Wenn Verliebtheit mit im Spiel ist, ignorieren viele Jugendliche ihr „komisches Bauchgefühl" und machen mit.

- Achtung bei Webcams! Sie sind ein Grund für sexuelle Belästigung im Internet. Oft wissen Kinder nicht, wann die Webcam ein- bzw. ausgeschaltet ist. Zeigen Sie ihnen, wie diese benutzt und ausgeschalten/vom Internet abgekoppelt werden kann, damit keine unerwünschten Bilder von Ihrem Kind ins Netz übertragen werden.

- Wie auch im realen Leben sollten Kinder Anfragen von Unbekannten im Netz immer ablehnen. In Chats, sozialen Netzwerken oder Communitys von Online-Spielen versuchen Erwachsene gerne, Kontakt mit Kindern aufzunehmen. Bitten Sie Ihre Kinder, keine persönlichen Informationen an Unbekannte weiterzugeben, vor allem nicht, wo sich der Wohnort oder die Schule befinden. Vermitteln Sie Ihrem Kind, dass im Internet viele Personen eine falsche Identität

annehmen und sich auch als Gleichaltrige/r ausgeben können. Hier sollte immer in bisschen Misstrauen dabei sein.

● Bleiben Sie immer ein/e vertrauensvolle/r Ansprechpartner/
in für Ihr Kind. Dann wird es zu Ihnen kommen, wenn es
eine schlechte Erfahrung im Internet gemacht hat.

Realität und Fantasie – nicht alles, was Kinder sehen, ist richtig!

Was zum Thema Sex online oder in Videos gezeigt wird, hat
nicht viel mit der Realität zu tun. Erklären Sie Ihrem Kind, was
damit gemeint ist. Zum Beispiel, dass die Vorbereitungen, die es
braucht, damit Pornofilme überhaupt funktionieren, sprich das
Feuchtwerden der Scheide, nicht gezeigt werden. Besprechen
Sie anhand von Beispielen, was „gefaked" ist und dass auch
„Amateurfilme" Inszenierungen sind. Erklären Sie, dass kein por-
nografisches Video selbst erlebbarem Sex entspricht. Hier gilt als
Grundsatz: kurze, sachliche Erklärungen anbieten statt langatmi-
ger Vorträge. Bringen Sie gleichzeitig zum Ausdruck, dass Sex etwas Positives ist, das Ihr Kind dazu Informationen einholen kann
und das dies okay ist. Machen Sie zudem deutlich, dass Pornos
oft nur das zeigen, was in der Fantasie anregt. Viele Menschen
finden etwas erregend, das sie aber im wahren Leben nicht tun
würden, weil es ihnen unangenehm wäre. Pornos bilden von daher keine Realitäten ab! Gezeigt wird, was anregt, aufregt, selten
vorkommt, absurd oder möglichst übertrieben ist.

Ihr Kind darf – innerhalb des gesetzlichen Rahmens – selbst entscheiden, ob es sich erotische oder pornografische Bilder und
Videos ansehen möchte oder nicht. Das müssen Sie ihm nicht
unbedingt erklären, doch es sollte erkennbar sein, dass Ihr Sohn
oder Ihre Tochter, wenn er oder sie erwischt wurde, nicht auf der
Anklagebank sitzt.

Schlusswort

Wenn Ihre Kinder in die Pubertät kommen, dann machen Sie alle gemeinsam eine aufregende Zeit durch. Ihr Kind wird erwachsen, und dieser Prozess fordert viel von ihm ein. Der Weg wird nicht immer leicht sein. Und Sie als Eltern sind gefragt, Ihre Kinder möglichst gut durch diese Phase zu führen. Die Aufklärung sollte aber schon vor der Pubertät beginnen. Sie lässt sich nicht einfach mal so an einem Nachmittag besprechen. Aufklärung, besonders die Sexualaufklärung, findet über viele Jahre statt und erfordert von Ihnen immer wieder neue Aufmerksamkeit. Sind Ihre Kinder dann in der Pubertät, brauchen sie nicht nur detaillierte Informationen zur Sexualität, sondern auch Ihre Begleitung und Unterstützung. Sei es in Fragen hinsichtlich der Geschlechtsidentität, der sexuellen Orientierung, der Verhütung, des Internets oder einer Beziehung – Sie sind die Vertrauensperson Nummer Eins für Ihren Nachwuchs. Diese Verantwortung kann und sollte Ihnen keiner abnehmen.

Genießen Sie diese abwechslungsreiche Zeit der Pubertät mit Ihrem Kind! Freuen Sie sich, dass es Sie in der Pubertät dazu drängt, sich mit gewissen Dingen erneut zu beschäftigen und auseinanderzusetzen. Und verfolgen Sie mit Spannung, wie Ihre Tochter oder Ihr Sohn sich zu einem erwachsenen Menschen entwickelt und all ihre/seine wundervollen Facetten zeigt.

Quellen und Literaturempfehlungen

Weiterführende Literatur:

- Claudia und David Arp; Pubertät in Sicht, Brunnen-Verlag GmbH, 2017; anerkannte Erziehungsexperten und Referenten zu Fragen rund um Ehe, Erziehung, Pubertät und Familie.

- Nur für Girls und Nur für Boys; Geschlechterspezifische Aufklärung; Ravensburger Verlag; 2018.

- Katharina von der Gathen und Anke Kuhl: Klär mich auf – 101 echte Kinderfragen rund um ein aufregendes Thema; Ein lustiges Aufklärungsbuch mit Antworten auf echte Kinderfragen, Klett Verlag, 2014.

- Kriegen das eigentlich alle? Antworten auf die wichtigsten Fragen zum Erwachsenwerden. Gabriel Verlag, 2016.

- Ann-Marlene Henning und Tina Bremer-Olszewski: Make Love. Ein Aufklärungsbuch; Goldmann Verlag, 2017.

- Kleine Menschen – grosse Gefühle; Auskünfte der niederländischen Kindersexualität-Expertin Sanderijn van der Doef für Eltern, Beltz Verlag, 2015.

- Hassenmüller, H.; Rauchfleisch, U.; Wiedemann, H.G.: Warum gerade mein Kind? Patmos Verlag, 2006. Beschreibungen von Interviews mit Eltern über ihre schwulen oder lesbischen Kinder oftmals aus einer christlich, religiösen Perspektive.

- Mayer-Rutz, Angelika: „Bitte liebt mich, wie ich bin" Homosexuelle und ihre Familien berichten Verlag G.H. Hofmann, 2010. Interviewsammlung: 19 Interviews mit Personen aus vier verschiedenen Familien gewähren Einblick in individuelle Positionen zu dem eigenen lesbischen oder schwulen Coming-out oder zu dem eines Familienmitglieds

- Rauchfleisch, Udo: Mein Kind liebt anders - Ein Ratgeber für Eltern homosexueller Kinder Patmos Verlag, 2012. Anhand vieler Fallbeispiele wird auf spezifische Probleme eingegangen. Aktuelle, psychologisches und sexualwissenschaftliches Wissen über Homosexualität.

Quellen:

André, T. G., Valdez-Montero, C., Márquez-Vega, M. A., Ahumada-Cortez, J. G., & Gámez-Medina, M. E. (2020). Communication on Sexuality Between Parents and Adolescents with Autism Spectrum Disorder: A Systematic Review. Sexuality & Disability, 38(2), 217–229. https://doi.org/10.1007/s11195-020-09628-1

Nadja Stadelmann Limacher; Aufklärung: Wie man Kinder auf «das Gespräch» vorbereitet; (September 2021) https://www.zentralplus.ch/blog/eltern-blog/aufklaerung-wie-man-kinder-auf-das-gespraech-vorbereitet/

Katja Schnitzler; Doktorspiele sind völlig in Ordnung (Oktober 2012) https://www.sueddeutsche.de/leben/expertentipps-zur-erziehung-doktorspiele-sind-voellig-in-ordnung-1.1487269

Annett Zündorf Wie kläre ich mein Kind richtig; (Januar 2021) auf? https://www.apotheken-umschau.de/familie/entwicklung/kleinkind/wie-klaere-ich-mein-kind-richtig-auf-790469.html

Aufklärung des Online-Erziehungsratgebers des Bayerischen Landesjugendamtes; (BAER); (gelesen am 31.Januar 2022) https://www.baer.bayern.de/erziehung-medien/erziehung/sexualerziehung/aufklaerung/#:~:text=Im%20Alter%20von%20etwa%20sechs,h%C3%A4ufiger%20Gespr%C3%A4chsstoff%20zwischen%20den%20Kindern.

Fritz & Fränzi, das Schweizer Elternmagazin; Wie geht Aufklärung heute?
https://www.fritzundfraenzi.ch/erziehung/aufklarung-die-sache-mit-dem-sex-so-reden-sie-mit-ihren-kindern/

Mag. Gabriele Rothuber; Altersgemäße Aufklärung als Prävention von sexuellem Kindesmissbrauch; (2017), https://www.gewaltinfo.at/themen/2017_10/altersgemaesse-aufklaerung-als-praevention-von-sexuellem-kindesmissbrauch.php

Julia Fischer-Colbrie; So stärken Sie Ihr Kind; Aufklärung schützt Kinder vor sexuellem Missbrauch; (gelesen Februar 2022) https://www.activebeauty.at/leben/kinder-aufklaeren-hilft-sie-vor-missbrauch-zu-schuetzen

Initiative „SCHAU HIN! Was Dein Kind mit Medien macht." hilft Familien bei der Medienerziehung. (aufgerufen am 09.02.2022) https://www.schau-hin.info/sicherheit-risiken/schutz-vor-pornografie

Uta Reimann-Höhn; Schutz vor Pornografie im Netz; (aufgerufen am 09.02.2022) https://reimann-hoehn.de/schutz-vor-pornografie-im-netz/
Pubertät: Körperliche und psychische Veränderungen und Veränderungen im Sozialverhalten, (aufgerufen am 16.02.2022) https://www.praxis-jugendarbeit.de/jugend-probleme-themen/24-Pubertaetsphasen-und-typische-Reaktionen.html

Webseite Regelschmerzen.de, Ratgeber für Mädchen und Frauen (aufgerufen Februar 2022), https://www.regelschmerzen.de/um-rat-gefragt

Lisa Purrio; Erste Periode: Wie sprichst du mit deiner Tochter darüber? (Mai 2021)
https://www.familie.de/schulkind/pubertaet/erste-periode/

Frauen Leben Gesundheit, Broschüre des BKF – Bundeskoordination Frauengesundheit (2003); https://www.bmfsfj.de/resource/blob/84292/3df64d9b796fb42e74870835dcee317c/info-broschuere-frauengesundheit-data.pdf

Webseite Queerformat; (aufgerufen März 2022); https://www.queerformat.de/elternbroschuere/

Hessisches Sozialministerium (Hg.): Da fiel ich aus allen Wolken (2001): http://www.gleichgeschlechtliche-lebensweisen.hessen.de/global/show_document.asp?id=aaaaaaaaaaaaezg

LSVD& BEFAH (Hg.): Meine Tochter lesbisch, mein Sohn schwul – So wird das wohl nichts mit Enkelkindern (2005), https://www.lsvd.de/fileadmin/pics/ Dokumente/Lebensformen/befah_01.pdf Bundesministerin für Familien und Jugend in Österreich: Sexualität & Internet - Elternratgeber, (Februar 2022); https://www.saferinternet.at/fileadmin/categorized/Materialien/Elternratgeber_Sexualitaet_und_Internet.pdf

Bayern 1: Was tun, wenn das eigene Kind lügt? (April 2019); https://www.br.de/radio/bayern1/pubertaet-108.html

Bayerischer Erziehungsratgeber; Erste Liebe (2021) https://www.baer.bayern.de/entwicklung-von-0-bis-18/pubertaet/erste-liebe/#:~:text=Jugendliche%20nehmen%20ihre%20erste%20Liebe,zu%20Ihrem%20Kind%20nachhaltig%20sch%C3%A4digen.

WHO & BzGA; Standards für Sexualaufklärung in Europa; (gelesen März 2022); https://www.bzga-whocc.de/fileadmin/user_upload/FAQ_WHO_BZgA_Standards_Deutsch.pdf

Daniel Kunz; Sexualaufklärungen bei Kleinkindern; (Juni 2017); https://www.rosenfluh.ch/paediatrie-2017-03/sexualaufklaerung-bei-kleinkindern

Jesper Juul; Vier Werte, die Eltern & Jugendliche durch die Pubertät tragen; Gräfe und Unzer Verlag (2017);

Jesper Juul; Pubertät - wenn Erziehen nicht mehr geht: Gelassen durch stürmische Zeiten; Kösel-Verlag, (2010)

BZgA; Jugendsexualität, Repräsentative Wiederholungsbefragung. Die Perspektive der 14- bis 25 Jährigen, (2015), https://shop.bzga.de/jugendsexualitaet-2015-13316300/

BZgA; diverse Studien zum Thema Sexualaufklärung (aufgerufen 2022); https://www.forschung.sexualaufklaerung.de/

Jungsfragen - Fragen von pubertierenden Jungen zum Thema Sex, (aufgerufen Februar 2022); www.jungsfragen.dee

Pro Juventute; Netz-Kampagne zum Thema Aufklärung und neue Medien, (aufgerufen Februar 2022), www.projuventute.ch/aufklaerung

Lust und Frust; Fachstelle für Sexualpädagogik und -beratung, (aufgerufen Februar 2022),
www.lustundfrust.ch

BZgA; Über Sexualität reden… Ratgeber für Eltern zur kindlichen Sexualentwicklung in der Pubertät; (2021); https://publikationen.sexualaufklaerung.de/fileadmin/redakteur/publikationen/dokumente/13660400.pdf

BZgA; Über Sexualität reden… Ratgeber für Eltern zur kindlichen Sexualentwicklung zwischen Einschulung und Pubertät; 2021, https://publikationen.sexualaufklaerung.de/themen/familienplanung/artikel-a-z/ueber-sexualitaet-reden-zwischen-einschulung-und-pubertaet/